Fabio Mancini

108 volte mi perdono

Dalla solitudine delle apparenze
alla pienezza dello spirito

Rizzoli

Pubblicato per

Rizzoli

da Mondadori Libri S.p.A.

ISBN 978-88-17-18864-7

Prima edizione: settembre 2024

Cura dei testi: Lisa Lupano
Progetto grafico e realizzazione editoriale: studio pym, Milano

108 volte mi perdono

Nota dell'autore

I nomi di alcuni personaggi sono fittizi e alcuni episodi sono romanzati per salvaguardare la privacy delle persone coinvolte nelle vicende narrate.

A me, perché non mi sono mai parlato così tanto.
A me, perché non mi sono mai ascoltato così tanto.
A me, perché non mi sono mai amato così tanto.
Amatevi, prima di amare.

Prologo

Ho provato a colorare la tela chiamata vita,
ma non tutti hanno apprezzato il colore
dei miei pastelli, spesso me li hanno scagliati contro
come lance affilate. Sono sopravvissuto e ora posso
solo donare loro compassione e caramelle.

Rientrai nella mia suite che non era ancora mezzanotte. Mi accolsero luci calde e soffuse di candele e abat-jour. Dalla finestra spirava finalmente una brezza fresca, un richiamo verso il balcone che decisi di seguire. La pietra porosa della balaustra emanava un calore confortante. Sotto di me il giardino lussureggiante dell'hotel, davanti il Nilo, oltre il fiume il profilo di un tempio antico.

Avevo appena vissuto un'esperienza quasi trascendentale. Io, minuscolo, tra rovine colossali e millenarie, sotto una volta di stelle che non mi erano mai sembrate così nitide.

Quando avevo ricevuto la proposta, ero stato sul punto di cedere alla paura. «Dovresti aprire la sfilata per il cinquantesimo anniversario di un brand del lusso. Si terrà a Luxor, nel Tempio di Hatshepsut» mi aveva comunicato il mio agente con nonchalance. «Lo sapevi che un evento di moda di questo livello in Egitto non c'è mai stato? E mi sa che una passerella così leggendaria non l'hai mai calpestata. Scenderai le scale che hanno sceso i faraoni.»

Per un attimo avevo dubitato di essere all'altezza. Poi mi ero ripetuto che sì, dopo quasi diciotto anni di carriera, di riconferme guadagnate tra tanti ostacoli, potevo mettere da parte i dubbi e godermi questa occasione. Ero uno dei modelli italiani più conosciuti al mondo, e adesso gli organizzatori di uno dei più importanti eventi degli ultimi anni avevano scelto me come testimonial principale. Perché avrei dovuto rifiutare? Non era ora di godersi i risultati del mio lavoro?

E così, insieme ad altri quarantaquattro modelli, mi ero imbarcato da Bologna su un aereo privato. L'organizzazione era stata perfetta in ogni dettaglio. Due giorni per i fitting e le prove sul posto e, tra un impegno e l'altro, pranzi leggeri, cene, rinfreschi, feste. Il programma era fitto, ma lasciava spazio anche al relax e al riposo. Avevamo a disposizione una piscina e una spa, dove mi avevano fatto uno dei migliori massaggi della mia vita. Ero circondato da professionisti che si prendevano cura di me.

Poi era arrivata la sera dell'evento, *quella* sera. Il tempio, costruito su più livelli, emergeva dalla roccia. La scalinata centrale conduceva a una terrazza grandiosa sostenuta da colonne imponenti e dominata da statue di faraoni. Ecco la scenografia della sfilata. E io sarei stato il primo a scendere.

Si sente un po' di adrenalina prima di un evento importante, figuriamoci in un contesto del genere. I colleghi più giovani si rivolgevano a me in cerca di rassicurazioni, e io avevo un buon consiglio per tutti. Quando giunse il mio momento, mi concentrai, sforzandomi di non pensare a niente, se non a fare bene il mio lavoro. Mentre avanzavo lungo le scale, sentivo dietro di me i passi leggeri e decisi dei miei colleghi. Ci muovevamo sincronizzati come in una coreografia. Gli abiti erano bellissimi, tessuti preziosi nei toni dell'oro e del blu, trame che ricordavano i geroglifici. A fare da cornice, modelli vestiti come antichi Egizi. Fu tutto impeccabile, e quando, a chiusura dell'evento, Bocelli cantò *Celeste Aida* insieme al figlio, vedevo ovunque sguardi emozionati.

Poi c'era stato il rinfresco finale, per liberare la tensione e festeggiare il successo, ma io mi defilai quasi subito. Non ero in vena di allegria e non avevo adrenalina da smaltire, non capivo perché. E non lo capivo nemmeno ora, affacciato al balcone di uno degli hotel più belli del mondo. "Com'è possibile che tu non sia felice?" mi chiedevo.

Rientrai in albergo e, dopo quel momento contemplativo sul balcone, mi diressi verso la doccia, una stanza a parte con le pareti ricoperte di mosaici. Aprii tutti i rubinetti, un profumo di gelsomino si diffuse nell'aria. Rimasi immobile, sotto il getto bollente, finché riuscii a resistere. Poi, ancora con indosso l'accappatoio, mi distesi a letto sotto le lenzuola. Chiusi gli occhi e vidi il sole sopra di me. D'un tratto ero sdraiato su un prato verde fiorito, tra api che ronzavano e farfalle dalle ali colorate. I raggi erano quasi accecanti, non c'era un filo di vento. Io, però, avevo freddo.

Riaprii gli occhi. Avevo un lavoro ambito e tutti i soldi che mi servivano, negli ultimi anni avevo dormito con centinaia di donne diverse, ero apparso su copertine e gigantografie, avevo visto quasi tutto il mondo, ma tutto ciò non faceva che aumentare il senso di vuoto. La verità era che mi sentivo solo e che quella sensazione mi accompagnava da sempre, tanto che ormai era parte di me. Non ricordavo un giorno della mia vita in cui non mi fossi sentito disperatamente solo.

Diario di viaggio

9 agosto 2023

Eccomi in viaggio, un viaggio un po' diverso da quelli cui sono abituato. Un viaggio che mi riporta alle origini, verso quella parte di me che non ho mai avuto il coraggio di affrontare. L'India mi aspetta. E se mi sono deciso a partire è solo grazie alla scoperta del buddhismo, una filosofia che mi ha sempre affascinato, perché porta a guardarti dentro in maniera non dogmatica.

Il mio incontro con il buddhismo è avvenuto quasi per caso, in una fredda giornata di novembre a Milano. Stavo girando una campagna pubblicitaria vicino alla Stazione Centrale. Indossavo una camicia e un paio di pantaloni leggeri e tremavo. Durante una pausa dagli scatti, ho visto passare due monaci buddhisti vestiti solo di una tunica. Mi è venuto spontaneo avvicinarmi e chiedere: «Ma voi non avete freddo?».

Quelli con un sorriso mi hanno risposto: «Quando hai la luce dentro non hai mai freddo». Sono rimasto colpito dalle parole e dalla serenità dei loro volti. Da allora ho cominciato a studiare il buddhismo da autodidatta. Ho letto libri, ho imparato a meditare e mi sono ripromesso di visitare l'India. Ma solo qualche settimana fa, nel mezzo della peggiore crisi che abbia mai attraversato, ho deciso di partire. Allora ho contattato un centro buddhista e ho raccontato loro la mia storia. Un monaco tibetano in visita in Italia si è offerto di aiutarmi. «Posso metterti nelle mani di un caro amico» mi ha detto. «Si chiama Sangpo, è anche lui un monaco e vive in un monastero nel Nord dell'India.»

Mi sono affidato a loro. Non so dove andrò di preciso, non so quanto tempo mi fermerò lì - ho comprato solo un biglietto di andata -, tutto quello che so è che abiterò le stanze di antichi monasteri persi tra le cime dell'Himalaya, insieme ai monaci tibetani. Proverò a vivere come loro, in povertà, mangiando quello che mangiano loro, dormendo nei loro dormitori, indossando i loro indumenti. Sarà una grande prova per me, dopo anni di lusso e vizi.

Ho avuto tutto ciò che un uomo può desiderare, ma ho perso anche molto: ho perso anni a rincorrere obiettivi e persone sbagliate. Soprattutto ho perso le mie radici, la mia famiglia. E nel momento più difficile mi sono ritrovato solo.

Forse c'è qualcosa di sbagliato in me. Forse il

rancore è come un filtro che mi impedisce di vedere la verità; è qualcosa che sto imparando grazie al buddhismo.

Mi sono ripromesso di non usare mezzi di comunicazione finché non saranno i monaci a darmi il permesso, voglio isolarmi da ogni distrazione. Voglio rinascere.

Il volo è in leggero ritardo, ma presto mi imbarcherò. Con me ho uno zainetto con qualche oggetto personale, qualche foto e il passaporto.

Eccolo il mio aereo. Si parte. Il cielo di New Delhi mi aspetta.

Parte maschile e parte femminile

Tutti noi siamo speciali in qualche modo.
Tutti siamo speciali per qualcuno in qualche modo.
Tutti noi abbiamo bisogno di qualcosa di speciale
da qualcuno in qualche modo.

Nella mia vita qualcosa si ruppe definitivamente in un pomeriggio d'estate dei miei diciannove anni. Fino ad allora, avevo fatto del mio meglio per rattoppare le crepe e spazzare via le macerie provocate da quelle che, col senno di poi, si erano rivelate scosse premonitrici. Inevitabilmente, però, il terremoto era arrivato e avevo dovuto prenderne atto.

Mi trovavo a casa, nel silenzio della nostra villa nella campagna pavese. Non si sentivano rumori di auto né voci di bambini e nemmeno l'immancabile tagliaerba del nostro vicino. Erano partiti tutti, compresa la mia famiglia, e sarei dovuto partire anche io se Lara, la mia ragazza, non avesse avuto un incidente in auto. Alla vigilia del giorno della partenza, avevo disfatto le valigie e riesumato lo zaino con cui quasi ogni giorno da Valle Lomellina, il paese dove abitavo, sarei andato all'ospedale di Alessandria, dove era ricoverata Lara. Erano state settimane lunghe e faticose, non soltanto per lo spavento, il braccio rotto e le altre piccole fratture che aveva riportato, ma anche perché i soldi scarseggiavano – una delle ragioni del terremoto in corso.

Volevo stare vicino alla mia ragazza, ma non potendomi permettere di pagare il biglietto del treno tutti i giorni, spesso ero costretto a dormire all'ospedale. Mi nascondevo nelle stanze dei medici e perfino nei bagni, un comportamento che la famiglia di Lara non aveva apprezzato.

Quel giorno, però, ero sollevato. Mio padre stava per tornare dalle vacanze, e non sarei più stato solo. Mi aveva avvertito del suo arrivo un paio di giorni prima, con una telefonata spiccia delle sue: «Fabio, sarò a casa nel tardo pomeriggio. Fatti trovare, per favore, ho bisogno di parlarti».

Un'idea di cosa dovesse dirmi ce l'avevo. Mio fratello, che aveva passato l'estate con lui a Castellaneta, mi aveva spifferato qualcosa via messaggio: *Papà è cotto come un ragazzino*, mi scriveva. *Dovresti vederlo. Non lo riconosceresti.*

Lei com'è? gli avevo chiesto.

Una bella donna.

E sei sicuro che sia una cosa seria?

Sembra di sì.

Stentavo a crederci, ma speravo davvero che quella vacanza gli avesse fatto bene. Gli ultimi mesi erano stati devastanti per mio padre. Dopo la separazione dalla mamma, aveva avuto un esaurimento nervoso in piena regola: in poco tempo aveva perso venticinque chili, aveva dato fondo a tutti i risparmi per la causa di divorzio e aveva quasi mandato all'aria la sua azienda. L'avevo visto appassire, accusare colpi senza reagire, trasformarsi in un'altra persona. Superata da poco la soglia dei quarant'anni, il padre severo e distaccato, quello che non si lasciava mai andare a gesti d'affetto, quello che considerava la debolezza un limite, si era aggrappato disperatamente a me. E io, da figlio con un perenne complesso di inadeguatezza, ero diventato con orgoglio il suo pilastro. Non so quante sere avevamo trascorso seduti in giardino, a parlare di ciò che era accaduto con la mamma e dei suoi problemi al lavoro, lui davanti a una birra e io a una Coca-Cola. Speravo che, sebbene con dei presupposti migliori, la scena si ripetesse così anche quel giorno, trasformandosi in una chiacchierata ristoratrice tra amici.

Pulivo praticamente dall'alba. Volevo che fosse tutto in ordine per il suo ritorno. Soprattutto il giardino, la parte della casa che gli piaceva di più e che più aveva trascurato durante il periodo di depressione. Più di una volta mi ero dimenticato di mangiare in quella lunga estate di solitudine, ma non c'era stato giorno in cui mi fossi scordato di bagnare le aiuole con i fiori di papà. Volevo che al suo ritorno fossero rigogliosi come ai vecchi tempi.

Stavo spolverando il tavolo sotto il pergolato, quando udii il ronzio del cancello automatico. "Eccoci" mi dissi. Subito dopo, accompagnata dallo scoppiettio della ghiaia sotto gli pneumatici, l'auto di papà sfilò verso il fondo del giardino. Gli andai incontro.

"Cavolo che cambiamento" pensai quando scese dalla macchina. Era abbronzato e aveva ripreso almeno una decina di chili. I bicipiti che avevo sempre ammirato facevano di nuovo capolino sotto le maniche della t-shirt. Se alla partenza, nonostante i suoi quasi due metri di altezza, appariva più curvo e avvizzito, adesso era il padre asciutto e statuario di quando ero bambino. Si tolse gli occhiali da sole mostrandomi i suoi bellissimi occhi azzurro-verdi, di nuovo vivi.

Quando lo abbracciai, ricambiò la stretta. Nella sua presa, tuttavia, avvertivo una certa rigidità, come una fretta.

«Vai a farti una doccia, ne avrai bisogno» gli dissi allora.

Lui scosse il capo. «Ma no... mi basta una rinfrescata. Tu intanto prendimi una birra ghiacciata, arrivo subito.»

Passò davanti alle aiuole senza nemmeno degnarle di un'occhiata e si diresse subito in casa. «Ti sei ricordato di mettere qualche birra in frigo, vero?» sentii gridare dalla finestra.

«Sì, pa', e ci sono anche le patatine.»

Presi bicchieri, ciotole e bottiglie e mi sedetti fuori ad aspettare. Non ci volle molto. Ricomparve dopo pochi minuti: «Via questo bicchiere, gli uomini la birra la bevono a canna, dalla bottiglia».

Sorrisi. Oltre ai chili papà aveva recuperato anche il piglio da uomo duro. Era senz'altro un buon segno. «Allora, ti trovo bene. Come stai?»

«Sto bene, Fabio, sto molto bene. Perché ho trovato di nuovo la felicità. Mi sono innamorato.»

Non mi sarei mai aspettato un approccio così diretto. Perché tutta quell'urgenza di arrivare al punto? Di solito, le nostre conversazioni prendevano traiettorie circolari, facevamo giri immensi prima di affrontare gli argomenti delicati, e i sentimenti erano sempre stati un tema spinoso per mio padre.

«Pa' sono contento...» abbozzai.

«Te l'ho accennato al telefono, no? di questa donna che ho conosciuto.»

«Mi hai detto di una Patricia...»

«Esatto.»

«Be', che cosa sono tutte queste cerimonie» dissi per stemperare la tensione. «Io sono contento se ti rifai una vita. Te lo meriti dopo tutto quello che hai passato. Allora quando me la presenti?»

Buttò giù mezza bottiglia di birra in un sorso. «È che la faccenda è complicata, Fabio.»

A quel punto, iniziai a preoccuparmi. Mio fratello non mi aveva accennato a problemi, ma certo avevo immaginato che questa Patricia, conosciuta a Castellaneta, vivesse lontano da Valle Lomellina. Forse papà avrebbe cominciato una relazione a distanza, forse si sarebbero lasciati presto a causa delle difficoltà. Speravo solo che papà non ripiombasse nella depressione.

«Vedi, anche Patricia è appena uscita da un divorzio difficile. Il marito non l'ha presa bene e ci sono anche tre figli, più piccoli di voi.»

«E di dov'è Patricia, papà?»

«La sua famiglia è originaria di Castellaneta, ma lei vive a Liegi.»

Rimasi interdetto. «Certo che è un bel casino, papà... Te la sei scelta vicina. Come farete per vedervi?»

Lui finì la birra e andò a prenderne un'altra.

«Vedi, Fabio, ne abbiamo parlato a lungo. Io e Patricia vogliamo fare le cose seriamente. Vogliamo vivere insieme. Quindi stiamo cercando di trovare una soluzione.»

Avrei voluto mettermi a ridere. Avrei voluto dirgli "Ma se vi siete appena conosciuti!". Ma mio padre non era più l'uomo fragile che mi aveva aperto il suo cuore dopo il trauma più grande della sua vita. Il tono, la postura erano tornati quelli autoritari di un tempo. C'era di nuovo una distanza tra noi, la percepivo chiaramente.

«E che soluzione avevi in mente? Non penserai di trasferirti in Belgio?»

«E perché no, Fabio?» Tornò a sedersi davanti a me, fissandomi dritto negli occhi. «Che cosa ci sto a fare qui? Non ho più niente. Tua madre mi ha portato via tutto. Per pagare i debiti tra un po' dovrò vendermi la casa. E l'azienda è praticamente fallita. A Liegi, invece, il lavoro non mancherebbe. Potrei cominciare una vita nuova. In un posto nuovo. Aria fresca, Fabio, ne ho bisogno. Qui mi sento un fallito.»

«Scusa, papà, e noi cosa facciamo? A noi non hai pensato?»

«Fabio, non scherzare. Certo che ho pensato a te e a tuo fratello. Mica vi abbandono.»

Avevo già sentito più o meno le stesse identiche parole una mattina di molti mesi prima. Con che coraggio mio padre mi metteva di fronte alla stessa situazione, dopo che avevo scelto lui?

Tutto era successo una mattina d'autunno in cui non avevo sentito la sveglia. Guardai l'ora e mi precipitai alla finestra. Nonostante la nebbia densa, vidi mio padre che era già al posto di guida del furgone, quello con cui ogni giorno mi accompagnava alla fermata dell'autobus per la scuola. Allora mi infilai i vestiti, passai in bagno a lavarmi e via di volata giù dalle scale, due gradini per volta. Sentivo nell'aria il profumo del caffè che mia madre preparava ogni mattina. «Ma', a me hai fatto il tè, vero?»

In fondo alle scale c'era un ammasso di valigie. Mia madre, gli occhi lucidi e un sorriso preoccupato, mi venne incontro. «Vieni, tesoro. Vieni a sederti un attimo. Ti devo dire una cosa.»

Mentre parlava non smetteva di accarezzarmi il polso. Con un tono dolce ma fermo mi annunciò che aveva deciso di separarsi da mio padre e che sarebbe andata via quella sera stessa. «Le cose con papà non andavano bene già da qualche anno.»

«Ma cosa dici!» ribattei. E invece lo sapevo benissimo. C'erano stati tanti segnali negli ultimi anni. Il primo, durante una vacanza a Castellaneta, quando per giorni si era chiusa in una stanza a cui potevano accedere solo le mie zie. Durante uno dei miei appostamenti dietro la porta, l'avevo sentita bisbigliare parole piene di rabbia: «Io non ce la faccio più. Lo voglio lasciare!».

Poi c'erano state infinite discussioni quando mia madre si era intestardita nel voler aprire un negozio di casalinghi a Valle Lomellina, e mio padre, come faceva sempre con le iniziative che non nascevano da lui, sulle prime l'aveva demolita. Alla fine, mia madre era riuscita a spuntarla: il negozio era stato aperto, ma purtroppo era fallito pochi mesi dopo.

E infine c'erano state tutte le uscite degli ultimi tempi. Lei, che amava la tranquillità domestica, tutto a un tratto in casa sembrava insofferente. Aveva sempre questa smania di fare, uscire, anche a orari improbabili. Mi ero insospettito, ma avevo preferito fare finta di nulla, perché non avrei saputo come affrontare il problema o, più probabilmente, perché ero troppo preso dalle mie turbe adolescenziali per dedicare energie ad altro. Del resto non mi ero mai nemmeno domandato se mia madre fosse felice, l'avevo dato per scontato. Sapevo che la storia dei miei era nata con una specie di colpo di fulmine durante una vacanza e che per stare insieme erano addirittura fuggiti. Le loro divergenze mi erano sempre sembrate una parte fondante del rapporto. Lei era minuta, timida, dolce. Soffriva di quelle che in famiglia chiamavano genericamente crisi, e che solo successivamente avrebbero trovato definizioni più precise – disturbi alimentari, depressione. Lui era forte, perentorio, protettivo. Non era difficile capire perché si fossero innamorati, ma in effetti c'erano tratti del loro carattere quasi inconciliabili.

La mamma era molto aperta di mentalità, aveva origine indiane da parte di padre, era vissuta a Milano e aveva sempre viaggiato molto. Papà era cresciuto in un piccolo paese, con un padre patriarca che gli aveva trasmesso valori e idee retrogradi. Naturale che sembrasse contrariato dalla frequentazione di mamma con quel suo caro amico d'infanzia omosessuale. Quando la mamma lo invitava a casa, era circospetto, diffidente. Temeva che in qualche modo noi figli potessimo esserne turbati, mentre la mamma pensava esattamente l'opposto: mi ha sempre insegnato che ognuno ha una parte femminile e una maschile, e che era importante coltivarle entrambe.

Anche nello stile educativo, dunque, erano molto diversi. Papà era il padre padrone, quello che decide e non contempla il dialogo. Quello intransigente, che pretendeva da noi figli un comportamento irreprensibile. Lui si spezzava la schiena al lavoro, e noi dovevamo mostrarci degni dei suoi sacrifici. A tavola, dovevamo mangiare composti e stare il più possibile in silenzio per non disturbare le conversazioni degli adulti. A volte pretendeva che rispettassimo le stesse rigide regole anche durante le feste. Ricordo una Vigilia di Natale, giorno in cui per tradizione venivano a trovarci i nostri zii: noi bambini mangiammo alle sette e alle otto ci infilammo a letto in modo che i grandi potessero godersi la festa. Papà era convinto che una buona educazione dovesse temprarti, perciò raramente mi incoraggiava o mi faceva sentire il suo sostegno. Non mi aveva mai fatto un complimento per un bel voto a scuola né si era mai offerto, più tardi, di insegnarmi a farmi la barba. Io fremevo: lo ammiravo e lo temevo da una parte, dall'altra sentivo un incontenibile impeto di ribellione. Ma qualsiasi gesto di insubordinazione veniva punito severamente, e perciò l'atto di insurrezione più ardito che mi era riuscito equivaleva a poco più che un dispetto: a dieci anni, dopo un'infanzia in cui ero stato costretto a tifare Milan, la squadra del cuore di papà, ero diventato interista.

La mamma, invece, era quella che non si perdeva mai le mie partite di calcio, che mi diceva che ero intelligente e avevo una marcia in più e che nella sua ansia di compensare le mancanze di mio padre spesso risultava soffocante e iperprotettiva. Assecondava qualsiasi mio desiderio, e quando era venuto il momento di scegliere che fare alle scuole superiori aveva ingaggiato una dura battaglia con mio padre, che voleva costringermi a fare l'istituto per geometri. «Abbiamo un'azienda edile, che cosa se ne fa di un diploma di grafico pubblicitario?» sbraitava lui. Ma la mamma, che spesso chinava la testa e non reagiva alle prepotenze, sapeva scegliere quali battaglie combattere, e anche in quel caso l'aveva spuntata.

Adesso, però, mia madre, la mia dolce mammina, voleva abbandonarmi, di punto in bianco, senza avvisaglie, senza darci il tempo di metabolizzare il trauma. Pensai subito che una madre che voleva davvero bene ai figli non l'avrebbe fatto. Non l'avevo mai vista così seria e determinata, non la riconoscevo. «Fabio, ormai sei maggiorenne. Hai l'età per affrontare certe cose. E comunque, non appena mi sarò sistemata, tu e tuo fratello potrete venire da me. Mica vi abbandono.»

Non la lasciai finire e infilai la porta. Per un attimo pensai di proseguire dritto oltre il cancello, di saltare la scuola, chiamare Lara e raggiungerla a casa sua. Poi però vidi mio padre in macchina, nella stessa posizione in cui mi era apparso pochi minuti prima dalla finestra, ritto davanti al volante, con lo sportello ancora aperto. Era rimasto immobile per tutto quel tempo? Mi avvicinai cauto ed entrai in macchina. Schermato dagli occhiali da sole, mio padre mise in moto. Non osai rivolgergli nemmeno uno sguardo, ma mi accorsi che sui pantaloni mimetici, all'altezza della coscia destra, si allargava una chiazza scura. Allora, mentre faceva manovra, mi voltai e vidi la traccia lasciata dalle lacrime sulle guance e poi la mano sul cambio che tremava.

In quel momento, nella mia testa scattò qualcosa. Per la prima volta, i ruoli si erano invertiti: mio padre, l'uomo incrollabile e scostante, aveva bisogno di aiuto. Era lui la vittima. Per la prima volta, vidi un varco per conquistarmi il suo affetto e d'istinto decisi di non lasciarmi sfuggire l'occasione. Era arrivato il mio momento. Avrei potuto dimostrargli che ero forte, che ero degno della sua stima.

Da lì in poi le cose erano andate anche meglio delle mie previsioni, tanto che ero convinto di essermi conquistato il posto più importante nella sua vita. Adesso però, a quanto pareva, qualcuno mi aveva spodestato.

«Non fare quella faccia, Fabio. Patricia è felice se vi trasferite anche tu e tuo fratello.»

«Bel gesto, da parte di Patricia, non costringerti ad abbandonare i tuoi figli. Ma alla mia vita non pensi? Ho una fidanzata qui, papà, e poi c'è l'università, ricordi?»

Mi pentii subito di avere nominato l'università. Papà era sempre stato contrario. «Vieni a lavorare con me in ditta, che ho bisogno di aiuto! Basta perdere tempo sui libri!» aveva detto quando gli avevo espresso il desiderio di proseguire gli studi. Per fortuna, in assenza della mamma, avevo trovato qualcun altro che mi sostenesse, altrimenti credo che avrei ceduto. Era stato il padre di Lara, che faceva il primario a Casale Monferrato, a spingermi a tentare il test d'ingresso per Scienze motorie a Torino. «Sei bravo in tutti gli sport. Sei intelligente… è la facoltà perfetta per te, Fabio.» Così ci avevo provato e, contro tutte le aspettative, soprattutto quelle di mio padre, ero arrivato tra i primi dieci su più di tremila iscritti. Ciononostante, per ottenere il consenso di mio padre, avevo dovuto promettere che avrei lavorato part-time nella ditta.

«Puoi tornare a Torino per gli esami o magati ti trovi un lavoro a Liegi anche tu e la finiamo con 'sta storia dell'università.»

Avevo un nodo in gola e temevo che se avessi aperto bocca sarei scoppiato a piangere. Perciò tacqui, anche se avrei voluto mettermi a gridare. Che cosa potevo fare in Belgio? Non conoscevo il francese, non avevo amici, non avevo prospettive. Possibile che a mio padre non importasse nulla di tutto ciò?

«Senti, Fabio, smettila di fare quella faccia. Non dobbiamo decidere subito. Tra qualche giorno parto e vado da Patricia. Potete venire anche tu e tuo fratello. Ci fermiamo una settimana. Vediamo com'è la situazione. Magari vi trovate bene, chi può dirlo?»

Annuii poco convinto.

«Oh, Fabio, guarda che non mi dimentico quello che hai fatto per me in questi mesi. Ti fidi di tuo padre?»

«Sì» mentii.

«E allora comincia a preparare le valigie che Liegi ci aspetta.»

Diario di viaggio

10 agosto 2023

Dopo quasi dieci ore di volo sono arrivato a destinazione. Ad attendermi c'è maestro Sangpo, la guida spirituale che mi accompagnerà in questo viaggio. Mi saluta, in mezzo alla folla dell'aeroporto di New Delhi, le braccia in alto, un sorriso genuino e gli occhi che trasmettono purezza. Mi abbraccia e mi sento quasi a casa.

La prima cosa che mi dice è «*Tashi delek*», che significa "che la buona sorte ricada su di te", è una forma di saluto. Vorrei rispondergli qualcosa, ma sono troppo emozionato.

È alto circa un metro e settantacinque, misurato, composto. Indossa la tunica bordeaux dei monaci. Nel suo inglese semplice e pulito mi dice che ci aspettano due ore di macchina per raggiungere l'hotel dove trascorreremo la prima notte.

Lo seguo, saliamo su un taxi malandato e sporco. Per tutto il tragitto, l'autista non smette di pescare alette di pollo fritto da una grossa ciotola che tiene sulle gambe. Arrivati in centro, ci immettiamo sulla strada principale, facciamo lo slalom tra bancarelle e sterco di vacche. Gli odori forti della città mi assalgono, e all'improvviso vengo pervaso da una gioia infinita. Allora è vero quello che ho sempre sentito dire sull'India?

Poco dopo, quando arriviamo davanti all'albergo, mi colpisce lo sguardo gentile di una donna, una mendicante. Ha il volto imbrattato di polvere e le mani sporche. Stringe tra le braccia un bambino in fasce. Mi avvicino e le offro la banconota da dieci euro che ho nel taschino, con cui avrebbe potuto sfamare se stessa e il suo bambino per un po'. Lei mi guarda, questa volta con occhi fieri, mi fa segno di no con la mano e mi dice *rice*, riso. Non è la prima volta che ricevo una lezione del genere, eppure evidentemente ho ancora bisogno di imparare. Noi occidentali pensiamo di poter comprare la benevolenza della gente con i soldi. Vogliamo solo metterci a posto la coscienza e non siamo più capaci di ascoltare. Entro nel supermercato e compro alla donna ciò che mi ha chiesto. Per fortuna, il suo sorriso cancella la mia vergogna.

L'hotel è un umile ostello indiano, la mia stanza un bugigattolo, il bagno è tappezzato di mattonelle rotte e appena accendo la luce scorgo un insetto che

si infila nello scarico del lavandino. "Ma sì, tanto è solo per una notte" mi dico. "Chi se ne frega!"
Prendo la penna, scrivo queste poche righe sul mio taccuino. Da fuori arrivano le note di una canzone indiana e un profumo di curry. Domani ci aspettano nove ore di autobus per andare a Dharamsala! Meglio che dorma, ora.
A domani!

11 agosto 2023

Ore 07:45

Maestro Sangpo bussa alla mia porta e mi butta giù dal letto, dimenticandosi che a causa del jetlag il mio bioritmo è sfasato di tre ore. Tra quindici minuti mi aspetta nella lobby, annuncia. Come potrò prepararmi in quindici minuti? Nella mia vita normale me ne occorrono venti solo per la skincare. Incredibilmente, però, riesco a stare nei tempi.

Il maestro mi porta a fare colazione in un baretto che in confronto il circolo di Castellaneta sembra un club modaiolo, ma l'atmosfera mi piace. È proprio a questo tavolo, infatti, davanti alla prima tazza di tè allo zenzero e miele, lo stesso che bevono molti monaci buddhisti, che comincia l'avventura dentro di me.

Maestro Sangpo cerca di mettermi a mio agio. Con i suoi modi dolci e pacati mi chiede cosa mi ha spinto ad arrivare fino in India. Perché sono così curioso di capire come vivono i monaci e di provare l'esperienza sulla mia pelle?

La mia risposta è secca: «Non sono più felice, maestro, e voglio scoprire come raggiungere l'equilibrio e la serenità rinunciando a tutto, alle cose materiali, proprio come fate voi. Ecco, maestro Sangpo, perché sono qua».

Mi guarda, sorride. «Veramente vuoi saperlo, signor Fabio?» Annuisco e sento gli occhi che mi si riempiono di lacrime, maledizione.

Mi risponde: «Troverai le risposte a queste domande giorno dopo giorno, vivendo accanto a noi monaci. Ma forse ora potresti cominciare a spiegarmi perché non sei felice».

Non so da dove partire. Farfuglio qualcosa riguardo ai mille aerei che ho preso negli ultimi anni, ai tanti legami andati in pezzi, alla mancanza di punti di riferimento. Ma sono confuso, nemmeno io riesco a capirmi.

Lui però mi sorride e mi ascolta, e il suo sguardo mi infonde serenità. Sembra volermi dire: "So che è difficile, so che è doloroso, ma io sono qui per aiutarti". Quando arriva il momento di prendere le nostre cose e dirigerci verso il pullman, mi sento più leggero, nonostante le nove ore di viaggio che abbiamo davanti.

Sangpo mi avverte: «Sarà dura, non solo il viaggio, ma l'intera esperienza». Ha uno sguardo preoccupato. Posso solo immaginare che cosa penserà - un modello che decide di darsi alla vita ascetica non capita tutti i giorni -, ma in me c'è una determinazione che non sentivo da quando ero adolescente e lottavo tutti i giorni per dimostrare agli altri di valere qualcosa.

La verità è che, pur non sapendo a cosa vado incontro, le cose difficili mi affascinano…

Nove ore dopo…

Sono state nove ore interminabili, fra tanfo di piedi, odore di chips alla cipolla e Sangpo che ha russato tutto il tempo, con apici di fragore mai raggiunti nemmeno da mio zio Antonio. Ma questa mattina finalmente siamo giunti a Dharamsala, dove ci aspetta il nostro primo monastero: il Gyuto Tantric Monastery Temple, un tempio dalla facciata giallo ocra che svetta su una collina. Qui da secoli si studiano e si praticano la meditazione e la filosofia buddhista.

Fra gli sguardi curiosi dei monaci più giovani e qualche cenno più discreto degli anziani, Sangpo mi accompagna nella mia stanza.

Credo di non aver mai visto un ambiente più essenziale in vita mia: la mia stanza si compone di un lettino, una finestrella, una porta che si chiude solo con un lucchetto, il soffione di una doccia in un angolo, un lavandino, uno specchietto e qualche scarafaggio.

Ammetto che per un attimo mi prende lo sconforto. Ma poi faccio un grande respiro e mi chiedo: "Chi ha voluto tutto questo, Fabio? Tu. E allora silenzio, mettiti comodo che il soggiorno è appena incominciato!".

Annuncio ai monaci del monastero che oggi è il mio compleanno, ma a nessuno importa: le ricorrenze futili, le cose materiali, qui, sono l'ultimo dei problemi.

Allora decido di farmi un regalo da solo. «Voglio rasarmi e vestirmi come voi.»

Si guardano, si parlano nella loro lingua e incominciano a ridere come pazzi!

Mi rispondono che solo i monaci possano indossare la *kesa*, l'abito tipico dei monaci buddhisti, ma mi promettono che prima di sera avrò il mio taglio nuovo! Ora sono felice!

Ore 18:00

Mentre i miei nuovi amici monaci mi rasano i capelli, comincio a piangere, come se mi stessi liberando del passato: errori, dispiaceri, gioie e dolori finiscono a terra insieme alle mie ciocche. Sono come un serpente che sta cambiando la pelle.

Maestro Sangpo mi riprende per immortalare il momento e sorride soddisfatto: «Sei bello».

Non proprio bello, i capelli sono più lunghi da un lato e più corti dall'altro, ma chi se ne frega. Non mi aspettano shooting nei prossimi giorni; qui mi vedranno solo monaci e monache!

Voglio incominciare a pensare come loro, voglio dimenticare lo specchio e i vestiti. Ecco quale sarebbe il vero regalo: accantonare il vecchio Fabio e tutti gli aspetti negativi derivanti dal successo.

Trasformare la rabbia

Spesso la sofferenza nasce dalla mente.
E così come nella mente ha origine la sofferenza,
nella mente ha origine la cessazione della sofferenza.
C'è una sola alternativa alle azioni negative:
provare a non compierle. Con la mancanza di collera
si vince la collera, affronta il tuo dolore e trova
le chiavi per la tua felicità.

Il viaggio a Liegi, ovviamente, fu un fallimento. La città ci sembrava gelida, la lingua astrusa, non ci piaceva il quartiere in cui abitava Patricia e non legammo molto né con i suoi figli né con la sua famiglia. Su questo, io e mio fratello Marco eravamo perfettamente allineati. Contrariamente a quanto ci aveva promesso mio padre, però, non ci fu tempo per riflettere, ponderare, valutare. Anzi, le cose precipitarono all'improvviso.

Nel giro di poco tempo papà liquidò i dipendenti, vendette tutte le attrezzature e si liberò della ditta, spiegandoci che non aveva alternative. «Devo pagare gli avvocati!»

«Ma noi cosa facciamo? Vuoi costringerci a venire in Belgio? Oppure andiamo a vivere sotto un ponte?» protestammo io e Marco.

«Calma, ho chiesto aiuto ad alcuni parenti di Limbiate e ci hanno trovato un appartamento dalle loro parti. Così, qualsiasi cosa succeda, avrete qualcuno cui appoggiarvi.»

Aveva già pensato a tutto, papà. In teoria sarebbe rimasto con noi il tempo necessario perché ci ambientassimo e trovassimo il modo di mantenerci e poi, con la coscienza pulita, avrebbe raggiunto Patricia a Liegi. In buona sostanza, fu subito chiaro che aveva molta fretta.

Il trasferimento a Limbiate, una cittadina della Brianza a una ventina di chilometri da Milano, fu organizzato da un giorno all'altro. Io e Marco fummo costretti a dire addio agli amici, alla nostra casa d'infanzia e a quei pochi punti di riferimento che ci erano rimasti. Tra questi non c'era la mamma, che aveva tentato di riavvicinarsi ma che io mi ero rifiutato di vedere. Ero troppo arrabbiato: per me ormai era una traditrice.

Invece, non fu facile allontanarmi da Andre detto il Mosca, il mio ex allenatore di calcio. Per anni aveva fatto le veci di mio padre, compensando le sue rigidità e le sue assenze. Credo mi avesse preso in simpatia perché in me rivedeva in parte se stesso, un bambino cresciuto troppo in fretta. La sua storia, però, era ben più tragica della mia: aveva perso suo padre quando era ancora un bambino. Mi aveva ceduto le sue scarpette da calcio preferite – che usava quando giocava come professionista –, quando le mie si erano spaccate. Per farmi una sorpresa mi aveva regalato i guanti di Gianluca Pagliuca, il portiere dell'Inter. Soprattutto cercava di farmi parlare, non voleva che mi tenessi dentro la rabbia. Quando mi vedeva cupo e demoralizzato mi diceva: «A cosa ti serve covare tutta quell'energia negativa? Tirala fuori e trasformala in qualcosa di positivo. Vai in campo e dai il meglio». Fu il primo inconsapevole maestro buddhista che incontrai sul mio cammino. Quando, a tredici anni, mi ruppi il legamento crociato, il Mosca mi seguì in tutto il lungo percorso di riabilitazione. Mi insegnava che soprattutto nei momenti di difficoltà l'unica cosa che può aiutarti a non arrenderti è la disciplina: «Fai esercizio ogni giorno, fissati piccoli obiettivi. Non cedere allo sconforto, al pessimismo e ai sentimenti negativi. Mettili a tacere con l'impegno». Era diventato un amico di famiglia e mi era rimasto accanto anche dopo la mia scelta di abbandonare la carriera di portiere e dopo la separazione dei miei. Nei giorni convulsi che precedettero il trasloco, fece di tutto per convincermi a non mollare l'università. «Puoi continuare a studiare a Milano, Fabio... Sei in gamba.» Ma in quel momento, sebbene avessi superato i primi quattro-cinque esami brillantemente, non credevo molto in me stesso. E poi volevo pesare il meno possibile su mio padre.

Quindi ci fu l'addio più difficile, con Lara. All'epoca era ancora impegnata nella riabilitazione e trascorreva più tempo in ospedale e nei centri di fisioterapia che a casa. Avrei voluto dirle che la distanza non avrebbe fatto la differenza, che non volevo perderla, ma non ero sicuro che quella fosse la cosa migliore per lei. Anche sua madre aveva cercato di farmelo capire: «Fabio, siete giovanissimi ed entrambi, per motivi diversi, state attraversando un momento difficile. Lara ha bisogno di un po' di tranquillità...». Così andai a trovarla per l'ultima volta in ospedale, con un groppone in gola. Eravamo due ragazzini, io ero stato il suo primo amore e lei il mio. Ci salutammo tra le lacrime, e io continuai a piangere per tutto il viaggio di ritorno in treno.

La vita a Limbiate era opprimente. La cittadina era tranquilla, circondata da parchi verdi e abitata da una classe media anche piuttosto benestante, ma l'unico appartamento che avevamo potuto permetterci si trovava in un quartiere popolare caratterizzato da un'infilata di palazzine grigio-rosa. Non ero mai stato particolarmente innamorato della piatta campagna del

Pavese, tetra e nebbiosa in inverno e torrida d'estate, ma ora ne sentivo la mancanza. Il nostro appartamento era ai piani bassi, un bilocale dalle stanze minuscole e le pareti sottili. Sentivamo distintamente le conversazioni dei vicini, le litigate, gli scarichi dei bagni, i passi strascicati di quelli che rientravano tardi dai turni di notte e dei pendolari che si alzavano all'alba.

Papà aveva centellinato le spese, perciò la casa era dotata del minimo indispensabile: una cucina, un tavolo, le sedie e tre letti. In quegli spazi angusti, la quotidianità scorreva ancora più lentamente. La mia occupazione principale era passare in rassegna le offerte di lavoro, inviare curriculum e aspettare che il telefono squillasse.

Mio padre, secondo cui i miei sforzi non erano mai abbastanza, era sempre più impaziente. «Pa', siamo qui solo da poche settimane... Non puoi pretendere che trovi un lavoro in così poco tempo. Passo le giornate a consegnare curriculum porta a porta, a Limbiate e a Milano. Più di così non saprei cosa fare...»

«Sì, ma com'è possibile che non ti chiamino nemmeno per fare un colloquio?»

In realtà qualche colloquio l'avevo fatto, ma l'ostacolo principale era la mia mancanza di esperienza. Nella ditta di mio padre avevo fatto il muratore, peccato che le aziende edili della zona cercassero figure più esperte anche in quel campo. O forse ero io che con la mia bella faccia non riuscivo a farmi prendere troppo sul serio. A questo proposito, un'impiegata di una delle tante agenzie per il lavoro a cui mi ero rivolto mi aveva suggerito di orientarmi su altre professioni. «Hai una bella presenza e sai l'inglese» mi aveva detto. «Perché non provi a proporti come commesso in qualche boutique milanese o come ragazzo immagine di una discoteca?» E così avevo inviato un'altra sfilza di curriculum.

Ora che avevo accantonato definitivamente il sogno di laurearmi in Scienze motorie, non mi faceva paura l'idea di lavorare, e sentivo la responsabilità del fratello maggiore. Se non fossi stato all'altezza? Avrei innanzitutto dovuto badare a me stesso e poi cercare di essere un buon esempio per mio fratello Marco, che era ancora minorenne.

Mi ero sempre sentito molto responsabile nei confronti di Marco, e questo mio padre lo sapeva, motivo per cui poteva permettersi di trasferirsi in Belgio senza troppi sensi di colpa. Avevamo due anni di differenza, ma oltre a essere più piccolo, mio fratello era stato anche più sfortunato. Era nato con una grave malformazione intestinale che l'aveva costretto in ospedale nei primi due anni di vita. All'epoca io e la mia famiglia vivevamo a Bad Homburg, vicino a Francoforte, dove i miei genitori, ancora giovanissimi, avevano messo su casa dopo essersi innamorati, e dove eravamo nati io e mio fratello. Forse è proprio nei miei primi anni di vita che si è forgiato il mio senso di responsabilità. Mia madre trascorreva tutto il tempo al capezzale di Marco e mio padre lavorava dalla mattina alla sera. Vedevo mio padre qualche ora la sera, al termine dei suoi estenuanti turni di lavoro, e la mamma soltanto nel fine settimana in ospedale. Per il resto, vivevo con mia nonna. Ho vaghi ricordi di quei tempi lontani, ma mi è rimasto ben impresso nella memoria una specie di senso del dovere, la volontà di non aggiungere problemi al carico di preoccupazioni che gravava sui miei. E dunque non ricordo di aver mai chiesto a mamma e papà di poter dormire nel lettone con loro, come invece faceva sempre Marco dopo le dimissioni dall'ospedale. E più avanti, quando avevamo lasciato la Germania per trasferirci a Valle Lomellina, avevo tenuto per me le paure di cominciare una vita nuova in un posto in cui non avevo amici. Avevo imparato a essere forte e coraggioso anche per Marco, che invece si era trascinato i suoi problemi di salute fino alla soglia dell'adolescenza. Per me era stato naturale proteggerlo e prendermene cura. Quando combinavamo qualche marachella insieme, mi prendevo io la colpa, perché non volevo che i miei lo sgridassero. E lui si era appoggiato a me con altrettanta naturalezza. Mi rispettava e si fidava, mi considerava una specie di modello a cui ispirarsi. Speravo tanto di non deluderlo.

Un giorno, finalmente, arrivò la prima buona notizia. Me la annunciò l'impiegata dell'agenzia di lavoro interinale. «Fabio, un grande negozio di via Montenapoleone cerca commessi part-time. Se ti interessa ti fisso subito un colloquio». Fui convocato l'indomani e, dopo poche domande, i responsabili della boutique mi dissero che mi avrebbero fatto sapere.

Uscii deluso. Avevo ancora in mano un paio di curriculum. Tanto valeva lasciarli a qualcuno, pensai. Così entrai in un'altra boutique. Era presente la direttrice del negozio, che mi venne incontro e mi chiese: «Sei qui per l'annuncio?». Finsi di sapere di cosa parlasse e le porsi il mio curriculum, ma lei lo ignorò. «Hai proprio la bella presenza che stiamo cercando… Potresti cominciare domani?»

Annuii, non avevo ancora fatto in tempo a realizzare che sarei diventato un commesso.

Quella sera tornai a casa sollevato. Certo, non era la soluzione definitiva ai nostri problemi – con lo stipendio che mi avevano proposto avrei pagato a malapena l'affitto –, ma finalmente avevo qualcosa in mano da mostrare a mio padre, finalmente un diversivo capace di scardinare il silenzio delle nostre cene nel nuovo appartamento, appesantite da malumori e frustrazione.

E in effetti, mentre a tavola ci dividevamo la solita padellata di pasta, carne e cipolle, papà accolse la novità con soddisfazione. «Oh, qualcosa si muove» commentò, aprendosi una birra.

L'indomani, di ritorno dal mio primo giorno di lavoro, trovai il pranzo già pronto. «Mangia, veloce, che abbiamo appuntamento in banca alle due» mi disse mio padre. Come sempre non si perse in spiegazioni, capii tutto quando parlammo con l'impiegato della banca. Papà aveva deciso di aprire un conto intestato a mio nome. «Così i tuoi datori di lavoro potranno mandarti qui lo stipendio.» Per dimostrare che non intendeva venire meno alle sue responsabilità paterne, consegnò all'impiegato una banconota da cinquanta euro. «Ecco, la prima mattonella la metto io.»

Una volta tornati a casa, cominciò a fare le valigie.

«Scusa, papà, dove vai?»

«Be', adesso che hai un lavoro, sono tranquillo. Posso andare. Parto domani all'alba.»

«*Tranquillo*... Come fai a essere tranquillo, mi hanno offerto un contratto part-time di quattro mesi...» Senza contare che prima avrei dovuto superare il periodo di prova. «Dammi almeno il tempo di mettere da parte un gruzzoletto, di trovare un secondo lavoro...»

«Senti, Fabio, io vivo da solo da quando avevo diciotto anni. Se ce l'ho fatta io, potete farcela anche voi. E comunque ho anticipato un paio di mensilità al proprietario della casa. Come vedi, non vi lascio proprio con le pezze al culo...»

Tremavo. Ogni energia era concentrata nello sforzo di non piangere. È stato il momento in cui sono stato più vicino a trasformare la mia rabbia in qualcosa di distruttivo. Riuscii a opporre un silenzio. Guardai mio padre negli occhi e decisi che avrei fatto di tutto per diventare un uomo migliore di lui.

Diario di viaggio

12 agosto 2023

Ore 07:45

Mi sveglio con il rumore della pioggia che batte contro la finestra della mia stanzetta. Agosto è il mese dei monsoni, qui a Dharamsala. Prendo la penna e comincio a scrivere. A un certo punto sento bussare alla porta. Quando apro, trovo lo sguardo benevolo di maestro Sangpo, che a giudicare dal sorriso non soffre della sindrome del cattivo umore mattutino - piaga che affligge tante persone, intrattabili per le prime due ore dal risveglio. Maestro Sangpo mi dà il buongiorno e mi informa che lui e gli altri monaci mi aspettano nella sala comune per fare colazione.

«Grazie, maestro!» gli dico. «Vi raggiungo subito!»

Centocinquanta flessioni e dieci minuti di meditazione dopo, sono seduto a un tavolo insieme a maestro

Sangpo e maestro Tennyson, il monaco che ieri mi ha rasato i capelli.

Mentre prendiamo il tè, tè verde con zenzero e miele, cominciamo a discutere. «Cosa ti manca nella vita?» mi chiedono. «L'universo ti ha regalato fortuna, fama, soldi, bellezza eppure sei qui con noi, semplici monaci che dedicano la vita allo studio e alla meditazione.»

Già, cosa mi manca e perché sono qui? Sono le domande su cui devo concentrarmi, se voglio venire a capo della mia infelicità.

Sorseggiando il tè, mi prendo del tempo per pensare, senza ansia. E questa volta decido di partire dall'inizio, dalle mie origini. Racconto ai monaci del ramo indiano della mia famiglia. Mio nonno, quello materno, è morto da qualche anno, mia nonna vive lontano dalla famiglia. Poi ci sono alcuni parenti che abitano a Londra. Non li ho frequentati molto, ma li ho sempre sentiti vicini, forse perché ci somigliamo un po' nei tratti somatici. E poi perché, a differenza di molti adulti, quando ero piccolo mi facevano domande ed erano interessati alle mie risposte. Mi parlavano di cose spirituali, cose che pur non capendo fino in fondo mi affascinavano.

Guardo maestro Sangpo: «Ecco forse un primo nodo importante».

I monaci mi incoraggiano ad andare avanti e allora divento un fiume in piena. Sono stato un top model di fama mondiale, ho calcato passerelle e red carpet, ho vissuto sotto i riflettori, eppure nessuno sa veramente chi sono, nessuno mi conosce. A chi mi stava intorno interessava solo il mio aspetto fisico. Nessuno mi ha mai chiesto se mi sentissi solo durante i miei viaggi, se avessi paura prima di sfilare. Ho avuto amici che mi sono rimasti accanto solo per interesse e che alle spalle mi sabotavano. Nei momenti di maggiore crisi, non sapevo a chi rivolgermi. E ora, qui, tra persone che conosco solo da pochi giorni, ho ritrovato quella sensazione di accoglienza e apertura che solo la mia famiglia indiana allargata finora mi aveva trasmesso. Mi sento ascoltato, capito, ma non giudicato. Perché ho avuto bisogno di volare fin qui per ritrovarla? Di chi è la responsabilità della mia solitudine, mia o delle persone che mi stanno intorno?

«La filosofia buddhista ci invita a seguire la via di mezzo evitando gli estremi» mi spiega maestro Sangpo. «Puoi lavorare su te stesso se vuoi capire meglio.»

Ed è quello che farò nelle prossime ore e nei giorni a venire. A seimila chilometri da casa, senza nessuno al mio fianco, posso finalmente spogliarmi del superfluo e immergermi nei miei sentimenti più profondi.

Mentre i miei amici monaci mi guardano e annuiscono, sento scendere le prime lacrime. Da quanto tempo non piango? Non me lo ricordo. Mi hanno insegnato che un uomo non dovrebbe piangere, ma credo che in questo momento sia proprio ciò di cui ho bisogno.

Sto imboccando la strada giusta o forse sto solo cercando un rifugio per scappare dai miei problemi?

13 agosto 2023

Ore 06:00

Sono arrivato da poco in questo monastero, ma ho già una routine consolidata: la mattina meditazione ed esercizio fisico, poi barba, doccia e dritto a fare colazione con maestro Sangpo; il pomeriggio lo dedichiamo alle escursioni nei monasteri dei dintorni o ad altre sessioni di meditazione; la sera, cena alle sette e poi tutti a letto alle nove.

Oggi, nell'ora di meditazione, parleremo di buddhismo, partendo dalle origini.

«Nel 560 a.C. un ricco principe del Nepal ebbe un figlio di nome Siddharta, colui che poi divenne il Buddha» così comincia il racconto di maestro Sangpo. «Il padre voleva proteggere Siddharta dal mondo circostante e perciò fece in modo che il figlio crescesse tra le comodità e il lusso del palazzo reale e non mettesse mai piede all'esterno. Ma giunto all'età di ventinove anni, spinto da una crescente curiosità, Siddharta decise di vedere il mondo. Di nascosto, si allontanò dalla reggia, incontrò un anziano e un malato e si imbatté in un cadavere. Capì allora che l'umanità era afflitta dalla sofferenza. E dopo aver fatto la conoscenza di un monaco asceta, Siddharta decise di rinunciare alla ricchezza, agli agi e al potere per cercare la via della liberazione.

«Si spogliò dei suoi abiti scambiandoli con quelli di un viandante, tagliò i capelli e si inoltrò nel bosco. Seguendo le orme di due eremiti, imparò a praticare l'ascesi e la meditazione, ma non trovò le risposte che cercava. Desideroso di scoprire le cause della sofferenza e del dolore umani, si sottopose a pratiche ascetiche estreme, mettendo a dura prova il proprio corpo per liberare lo spirito. Ma di nuovo non riuscì a trovare le risposte che cercava. Capì che la via per la libertà non passava per gli estremi, ma per la ricerca dell'equilibrio. Così riprese a mangiare e recuperò le forze.

«Un giorno, dopo settimane di meditazione ininterrotta, seduto sotto un albero, nella posizione del loto, giunse finalmente all'illuminazione e divenne il Buddha.»

È un racconto che ho già sentito decine di volte, ma che non smette mai di affascinarmi. Adoro il passaggio in cui Siddharta, da un giorno all'altro, rinuncia al suo palazzo, alla ricchezza, perfino ai suoi abiti. Mi rendo conto che spesso, in passato, le cose materiali sono state un fardello per me, una fonte di confusione più che un motivo di gioia, e che i momenti in cui sono stato più felice hanno coinciso con quelli in cui ero più lontano dalla ricchezza.

Ho imparato a mie spese che la felicità non ha bisogno di eccessi, che i desideri materiali spesso ci distolgono dalla ricerca interiore. Non so se possa chiamarsi destino, ma è come se il buddhismo mi avesse sempre accompagnato fin dalla nascita.

Ogni giorno, qui, mi siedo in cerchio con gli altri

monaci. Meditano insieme, dialogano e discutono senza mai giudicare. Ecco un altro punto fondamentale: questi monaci mi ascoltano e aiutano senza pretendere nulla in cambio, una forma di rispetto e gentilezza a cui non sono abituato.

In questi pochi giorni trascorsi con loro ho individuato gli obiettivi su cui lavorare: il rispetto verso me stesso e verso le persone a cui voglio bene, la comprensione di me stesso e degli altri.

Trovare un senso alla sofferenza

Non si può eliminare la cattiveria nel mondo,
ma si può scegliere di non farne parte.
Non puoi combattere la cattiveria con altra
cattiveria, puoi vincerla solo con la gentilezza.
La pazienza, la gentilezza e la calma sono le chiavi
per risolvere i problemi. Il tempo porterà la verità.

Al mattino la sveglia suonava alle cinque. Da Limbiate prendevo un treno che mi portava a Milano in zona Niguarda, quindi un autobus che mi portava alla stazione di Maciachini, infine la metropolitana gialla per via Montenapoleone. Un tragitto di oltre due ore. Mi sembrava di passare più tempo sui mezzi di trasporto che sul posto di lavoro. Adesso anche io ero un pendolare a tutti gli effetti.

Oltre che del lavoro mi occupavo della casa, della spesa e di mettere in tavola qualcosa di decente per me e Marco. Nonostante il mio impegno, il menu non era molto vario, soprattutto perché il nostro budget era limitato. La carne, per esempio, costava troppo. Da ex atleta avevo qualche basilare nozione di nutrizione e sapevo che non potevamo vivere di sola pasta e cipolle, perciò per le proteine ripiegavo sulle uova e spesso sul surimi, che era economico e aveva un che di esotico sufficiente a illuderci di mangiare sushi.

«Ci mangiamo il sushi dei poveri a cena?» mi chiedeva spesso Marco quando rientrava la sera. Che ne sapevamo allora delle schifezze che può contenere il surimi: facevamo delle vere e proprie abbuffate.

Spesso, durante i nostri tête-à-tête, Marco approfittava per tornare su un discorso che per lui ormai era diventato quasi un'ossessione: «Senti, Fabio, mi dispiace di non poter contribuire puntualmente alle spese...». Dopo aver preso il diploma, si era messo anche lui alla ricerca di un lavoro, ma fino ad allora era stato addirittura meno fortunato di me. Aveva trovato un impiego a tempo pieno in un'agenzia immobiliare, ma il suo datore di lavoro era sempre in ritardo con il pagamento degli stipendi.

«Marco, non preoccuparti. Non è colpa tua se il tuo capo non ti paga. Tu l'impegno ce lo metti tutto...»

«Ma così non arriviamo a fine mese.»

«Qualcosa ci inventeremo.»

Nella speranza di trovare prima o poi un impiego a tempo pieno, mi arrabattavo con qualche lavoretto extra. Aiutavo amici imbianchini e idraulici. Al negozio di via Montenapoleone, i miei colleghi continuavano a ripetermi che avrei dovuto presentarmi a un casting per modelli. Me lo diceva anche Valentina, la direttrice della boutique, che data la mia età mi aveva preso sotto la sua ala protettrice. «Guarda, Fabio, che hai tutti i requisiti necessari. Che cosa ti costa provare?»

Io, però, ero molto diffidente nei confronti del mondo della moda. Non che avessi mai avuto qualche esperienza diretta nel campo, mi basavo più che altro sui sentito dire, ed era risaputo che nell'ambiente gli impostori non mancavano. In quel periodo, per esempio, sulle homepage e sui giornali si parlava spesso di un noto personaggio televisivo legato alle agenzie di moda che era stato arrestato per truffa. Inoltre, conoscevo diversi aspiranti modelli che avevano avuto brutte esperienze con alcune agenzie. Queste ultime promettevano ingaggi sicuri solo a fronte di un cospicuo investimento da parte dei candidati: sostenevano che fosse necessario per book fotografici e altro materiale per i casting. Peccato che nessuna delle mie conoscenze fosse rientrata di quell'investimento iniziale. E io non potevo certo permettermi di indebitarmi per inseguire false speranze. Avevo più che mai bisogno di concretezza.

«Be', ma sfruttala in qualche modo questa bella presenza» mi suggerì Valentina. «Molti locali cercano camerieri che facciano anche da ragazzi immagine. Se vuoi posso indirizzarti a qualche contatto.»

Quella fu davvero un'ottima dritta, perché nel giro di pochi giorni trovai un altro impiego in un locale molto alla moda di corso Sempione. Il mio compito consisteva nell'accogliere i clienti e accompagnarli ai tavoli, non molto diverso da quello che svolgevo in via Montenapoleone, dove mi installavo ogni mattina davanti alle porte di ingresso per invogliare i clienti e le clienti a entrare. Anche quello nel locale era un lavoro precario, dal venerdì al sabato, ma mi permetteva di arrotondare e avere qualche sicurezza in più.

Con quella vita fatta di espedienti e rattoppi io e Marco siamo andati avanti circa due anni. Eravamo contenti, sebbene non potessimo permetterci una pizza fuori né tantomeno una macchina. Bastavamo uno all'altro. Di tanto in tanto, non troppo spesso, mamma e papà si facevano sentire, soprattutto con Marco, che non respingeva mai i loro sporadici tentativi di tenere vivo il rapporto. Tutte le volte che papà tornava in Italia, per esempio, mio fratello non perdeva l'occasione di incontrarlo. Mi sembrava una buona cosa, considerato che Marco aveva ancora un'età che avrebbe richiesto la presenza di figure genitoriali solide. Io, invece, me ne stavo alla larga, non rispondevo alle telefonate di mia madre e se mio padre passava da Limbiate facevo in modo di non farmi trovare. Ero convinto di poter fare a meno di entrambi, anzi, di poter vivere meglio senza.

Poi, tutto a un tratto, la mia vita ha subito un'altra scossa, anche questa preceduta da segnali premonitori. Per uno come me che crede nel destino, infatti, non può essere stato un caso l'incontro avvenuto due giorni prima della svolta. Stavo andando al lavoro, come tutti i giorni, ma più trafelato del solito, perché il mio treno aveva accumulato un ritardo di oltre mezz'ora. Mentre correvo sul marciapiede, incrociai lo sguardo di Giorgio Armani che avanzava dal lato opposto della strada. Non era la prima volta che lo incontravo da quando lavoravo in via Montenapoleone, ma di solito Armani camminava a testa bassa ed era sempre circondato da uno stuolo di collaboratori. Quella volta i suoi occhi mi colpirono: erano azzurri, seri e bellissimi, esattamente come quelli di mio padre. Fu soltanto un breve istante, in cui, troppo assorto nei suoi pensieri, lo stilista non parve nemmeno accorgersi di me. Io, però, sentii una specie di connessione.

Sempre sulla stessa strada, all'incirca alla stessa ora, in una mattina meno trafelata, feci un altro incontro. Questa volta ero io quello assorto nei miei pensieri, quando una mano mi sfiorò una spalla. Mi voltai e vidi un uomo giovane sulla trentina, molto curato. Indossava una polo di marca, jeans a sigaretta, mocassini lucidissimi e un golfino sulle spalle. «Scusa se mi permetto» mi disse. «Ma ti ho visto passare più volte da queste parti e volevo chiedertelo da un po'... Tu hai mai fatto il modello?»

Pensai subito a un tentativo di rimorchio. Da quando lavoravo in corso Sempione, me ne erano capitati diversi, e lo schema per farmi abboccare era sempre lo stesso: il millantatore di turno mi offriva un lavoro nella moda, nella pubblicità o addirittura nel cinema.

«Grazie» gli dissi secco, «ma la moda non mi interessa.»

«È un peccato, però. Perché la Fashion Week è imminente e come ogni anno Armani è in cerca di nuovi modelli. Tu avresti proprio l'immagine giusta...»

«Io però non ho nessuna esperienza. Sono un semplice commesso, non ho nemmeno un book.»

«Ma il book non serve... Senti, non voglio insistere, ma se cambi idea, questo è il mio biglietto da visita. Chiamami in qualsiasi momento, così fissiamo un appuntamento in agenzia.»

L'ho ringraziato e sono filato via, convinto che di tutti i tentativi di rimorchio quello fosse decisamente il più goffo. Il nome Armani, però, mi aleggiava in testa e appena giunto al lavoro raccontai subito quello che era successo a Valentina.

«Fa' un po' vedere» mi disse lei, indicando il biglietto da visita che stringevo ancora tra pollice e indice. Glielo porsi. «Fabio, ma tu sei matto, la Beatrice Models è una delle agenzie più importanti.» Oltre al logo dell'agenzia, il biglietto riportava un nome. Valentina si mise subito a compulsare la tastiera del computer per cercare riscontri. «E Massimo Curella è un agente di moda giovane, ma ha lanciato modelli che sfilano per Armani.»

Quel pomeriggio ne parlai anche con mio fratello. «Che cos'hai da perdere?» mi disse.

«È che non credo molto nei soldi facili» risposi d'istinto. Del resto, ero cresciuto con un padre per cui lavorare era sinonimo di spaccarsi la schiena. «Ho paura che sia una fregatura.»

«Ma mica ti ha dato appuntamento in un locale o a casa sua. Sembra una cosa professionale. Male che vada, scopri che è una truffa e te ne torni a casa. E se invece va bene, magari non avrai più bisogno di arrotondare facendo il muratore, che – lasciatelo dire – nonostante tutti gli sforzi che ha fatto papà per insegnartelo non è proprio il mestiere che ti riesce meglio.»

E così chiamai il numero riportato sul biglietto da visita. Fu molto imbarazzante spiegare chi ero alla segretaria che rispose al telefono. Non potevo fornirle un nome, visto che non avevo nemmeno avuto la prontezza di presentarmi all'agente. Ma lei fu molto gentile e dai pochi indizi che le fornii riuscì a identificarmi. Mi assicurò che il signor Curella le aveva parlato di me e mi fissò un appuntamento in agenzia per il giorno successivo.

Quando misi piede nella sede della Beatrice Models non ebbi più dubbi: quelli facevano sul serio. Le pareti erano tappezzate di copertine di riviste e foto d'autore che ritraevano modelle e modelli famosissimi. L'ambiente era curato nei minimi dettagli ma sobrio. Non mi fecero attendere molto. Curella venne ad accogliermi nella sala d'attesa e mi spiegò che purtroppo i tempi erano molto stretti perché i casting per i nuovi modelli di Armani erano già cominciati e la Fashion Week era alle porte. Era così garbato, serio e rispettoso che mi sentii ancora più in colpa per aver equivocato le sue intenzioni. Dissi che non c'erano problemi e che mi mettevo a loro disposizione. E così mi condussero in un piccolo showroom, dove una sarta mi prese le misure e un fotografo mi fece qualche scatto.

Dopo nemmeno un'ora, la segretaria con cui avevo parlato al telefono si presentò nella stanza per annunciarci che era riuscita a fissarmi un appuntamento con i responsabili dei casting di Armani.

«Possono vederti questo pomeriggio.»

«E dove devo andare?» chiesi, intimorito. Le cose procedevano così in fretta che non avevo nemmeno il tempo di metabolizzarle.

«A casa di Armani» mi rispose Curella. «È lì che si svolgono i casting.»

Dovevo avere un'espressione atterrita, perché tentò subito di rassicurarmi. «Ma non è detto che tu debba incontrare il maestro Armani. Della prima selezione, di solito, si occupano i responsabili dei casting. Comunque tu cerca di stare tranquillo e fare quello che ti dicono. Vedrai che andrà tutto bene.»

Quando mi presentai ai cancelli del palazzo di Giorgio Armani, mi sentivo come una Cenerentola imbucata al ballo del principe. A differenza di Cenerentola, però, io non ero riuscito a procurarmi un abito e delle scarpe adatti, e forse per questo il portiere mi scrutò perplesso e fece più di una telefonata prima di decidersi a farmi entrare.

Seguendo le sue indicazioni, attraversai uno splendido cortile interno, imboccai una scalinata e giunsi in una sala ampia dai soffitti affrescati. All'interno c'era un nugolo di persone affaccendate: chi sfogliava forsennatamente cataloghi, chi prendeva le misure ad alcuni ragazzi vestiti solo di boxer attillati, chi trasportava stand carichi di abiti. Provai ad attirare l'attenzione di qualcuno, ma erano tutti così indaffarati e concentrati che era impossibile distoglierli dai loro compiti. Pensai che fosse meglio sedermi e aspettare, quando a un tratto una porta sulla parete opposta si aprì e comparve un uomo in completo grigio e occhiali di tartaruga. Raggiunse il centro della stanza, si guardò intorno e chiamò: «Fabio Mancini?».

Mi alzai. «Sono io.»

«Piacere, sono il responsabile del casting.»

Mi investì con una sfilza di domande, di cui tuttavia ascoltava a malapena le risposte. Era come se stesse ripetendo una lezione imparata a memoria e da me non si aspettasse altro che cenni di approvazione: «Sei qui per conto della Beatrice Models... Sei alto un metro e novanta... Sei italiano... Hai poca esperienza... Ok, possiamo andare...».

Ci trasferimmo in un'altra sala, più raccolta, ma altrettanto sfarzosa. Davanti a una schiera di poltrone di velluto c'era una pedana sormontata da un ponteggio e da alcuni riflettori. «Tra poco ci raggiungeranno tutti» mi disse il responsabile del casting facendomi segno di seguirlo. «Ti faremo qualche domanda e dovrai sfilare... come si fa in qualsiasi provino.»

Avrei voluto ribattere che non avevo idea di come si affrontasse un provino perché era la mia prima volta, ma il direttore del casting non mi lasciava modo di intervenire e continuava imperterrito in quello che di fatto era un soliloquio. «Ecco, vieni, posizionati qui, sotto le luci... Facciamo alcuni scatti preliminari... in modo che emerga la tua personalità... il mento più alto... O forse girati di profilo... sì, meglio il profilo...»

Ero sempre più agitato. Credevo non si potesse essere più in ansia di così, finché in fondo alla sala, preceduto da uno stuolo di assistenti, comparve Giorgio Armani. Eppure il mio agente mi aveva assicurato che non avrebbe presieduto i casting, almeno non in prima battuta. Non ero pronto, avrei voluto protestare. Che ci faceva uno come me di fronte a Giorgio Armani? Ma non trovai il coraggio di fiatare: la sua presenza aveva riempito la sala di un'atmosfera solenne. Con andatura leggiadra, Giorgio Armani prese posto su una poltrona laterale. «Cominciamo» disse in un soffio.

Il responsabile del casting mi presentò, ripetendo in sostanza la lezione che aveva provato con me poco prima. Giorgio Armani annuì e fece un lieve sorriso, quindi con un gesto della mano mi invitò ad appropriarmi della pedana.

Era giunto il momento di sfilare, dunque. Peccato che io non mi interessassi di moda e non avessi mai seguito una sfilata in vita mia. L'unico esempio che mi veniva in mente erano i corteggiatori di *Uomini e Donne* che facevano il loro ingresso in trasmissione da una scalinata bianca su una colonna sonora di musica dance anni Ottanta. Com'era prevedibile, lo spunto non fu di grande aiuto, perché quasi subito Armani intervenne per correggermi.

«Più elegante...» Poi dovette rendersi conto che avevo bisogno di indicazioni precise. «Le spalle: prova a tenerle più dritte.»

Capii immediatamente che, a differenza del suo capo casting, Giorgio Armani era un uomo di poche parole. E a questa caratteristica si aggiungeva l'indecifrabilità dell'espressione. Il suo sguardo era sempre sereno e penetrante, non ti permetteva di capire che cosa stesse pensando, ma ti instillava immancabilmente il seme del dubbio.

«Bene, è sufficiente» concluse, proprio quando mi sembrava di muovermi in modo più sciolto. «Davvero sei italiano? Eppure hai qualcosa di esotico.»

Gli raccontai che mia madre era per metà indiana e che da lei avevo ereditato il colore della pelle.

«E non hai molta esperienza sulle passerelle...» proseguì Armani con fare pensoso.

Decisi che era arrivato il momento di mettere le cose in chiaro. «Senta, signor Armani, mi dispiace se c'è stato un equivoco e se le sto facendo solo perdere tempo, ma il punto è che io non ho nessun tipo di esperienza. Non ho mai partecipato a un casting prima di oggi. Non ho un book e non so sfilare...»

Di nuovo un sorriso appena accennato che non lasciava trasparire alcuna emozione. «Che cosa fai nella vita?» mi chiese.

Gli raccontai dei miei lavori precari e della mia vita da pendolare. «E quei pantaloni? Dove li hai presi?» ribatté.

Era proprio singolare questo Giorgio Armani, non potei fare a meno di pensare in quel momento. Passava da un argomento all'altro apparentemente senza seguire un filo logico, eppure le sue domande non sembravano casuali. Erano il frutto di un'osservazione attenta che, come avrei imparato in seguito, sapeva cogliere indizi rilevanti anche nei dettagli.

I miei pantaloni di seta a motivi cashmere, ampi sulle gambe e stretti alle caviglie, erano il regalo di un caro amico che vendeva capi di abbigliamento di importazione. «Anche loro arrivano dall'India» spiegai.

Armani e i suoi assistenti si scambiarono lunghi sguardi. Che cosa avrei dato per sapere se avevano apprezzato almeno i pantaloni, ma nessuno si sbilanciò, su nessun fronte. Il direttore del casting mi congedò, assicurandomi che avrebbe comunicato l'esito della selezione alla mia agenzia.

Mi ritrovai di nuovo per strada a chiedermi se quello che

avevo appena vissuto era stato un abbaglio o uno scherzo. E invece, non appena rimisi piede alla Beatrice Models, dove avevo promesso di tornare subito dopo il casting, fui accolto da un applauso.

«Spero tu non abbia troppi impegni la prossima settimana...» mi disse Curella, «perché la tua presenza sarebbe gradita sulle passerelle di Armani. Dovresti procedere con le prove abito il prima possibile.»

Ero incredulo. Com'era possibile che Giorgio Armani fosse pronto a portare sulla passerella uno che non sapeva nemmeno tenere le spalle dritte mentre camminava per rappresentare il suo marchio e la sua azienda? Non che non fossi consapevole di essere un bel ragazzo, ma quanti ragazzi più belli di me esistevano? Che cosa avevo di speciale? Curella mi prese da parte, mi disse che d'ora in poi avrei dovuto chiamarlo Massimo e mi spiegò che in realtà quello che era accaduto non aveva niente di assurdo. Ogni stilista sceglie modelli e modelle che rappresentino il suo ideale di bellezza. E io avevo molte delle caratteristiche più ricercate: la mia era una bellezza classica, mediterranea, ma delicata nei lineamenti e con un tocco esotico. Era per questo che lo stesso Massimo mi aveva fermato per strada il giorno prima. «Di tutti gli stilisti, Armani è uno dei più difficili da accontentare, ma quando ti ho visto non ho avuto dubbi.»

Inutile dire che accettai l'incarico al volo. Ero elettrizzato. Ma ad allettarmi non era tanto la possibilità di iniziare una carriera nella moda, di viaggiare e avere successo. Quando firmai il contratto, mi limitai a considerare che con quell'ingaggio avrei coperto quasi un anno di affitto. Non mi sentivo abbastanza sofisticato per fare il modello, né sapevo se mi sarei mai appassionato a quel mestiere, ma quella era l'occasione per sfangarla un altro po', e non potevo lasciarmela sfuggire.

I giorni che seguirono furono frenetici. Imparai un nuovo lessico, fatto di parole che nel quadrilatero della moda si sentivano ripetere spesso, ma che fino ad allora non avevo associato a significati precisi: il fitting, per esempio, è la prova prima della sfilata, in cui si controlla che gli abiti vestano bene e in cui si decidono eventuali modifiche sartoriali; il ritocco del look è la supervisione finale prima della sfilata, in cui l'outfit viene arricchito di eventuali accessori; gli stand sono gli appendiabiti dotati di ruote, ogni modello ne ha uno dedicato durante le sfilate; fashion show è un sinonimo di sfilata; le vestieriste sono le persone addette a vestire i modelli nel backstage. Ogni giorno scoprivo parole nuove. E per tutto il resto c'era Massimo, che mi dava dritte per migliorare il portamento e mi insegnava a far cadere bene gli abiti.

Quando fui pronto, partecipai alle prove generali, dove conobbi gli altri modelli assoldati da Armani per la Fashion Week. Erano quasi tutti di altre nazionalità, alcuni famosissimi. In generale, mi accolsero con grande calore.

«Davvero questa è la tua prima sfilata?» mi chiedevano. «E cominci subito con Armani? Complimenti, io ci sono arrivato dopo non so quanti casting…»

Forse anche a causa di tutti quei complimenti, cominciai a sentire la pressione. "E se avessi sbagliato qualcosa?" mi dicevo. Avrei vanificato l'impegno e la professionalità di centinaia di persone. Avrei fatto fare una figura terribile a tutti.

Quando arrivò il gran giorno, ero tesissimo. Nel backstage l'atmosfera era elettrica: modelli, vestieriste e assistenti da una parte si muovevano tutti in modo convulso, dall'altra sembravano perfettamente coscienti di ciò che dovevano fare. L'unico spaesato, impacciato, inchiodato sul posto ero io.

Le cose peggiorarono quando giunse il momento del ritocco del look. Era Armani stesso a occuparsene, e la sua presenza continuava a incutermi un misto di timore e rispetto. Tutti i modelli si misero in posizione accanto alle loro vestieriste e ai loro stand, come se fossero in attesa di un'ispezione. Armani li passava in rassegna uno a uno, a volte aggiungeva un cappello, a volte degli occhiali da sole. Quando giunse il mio turno si limitò a sistemarmi la pochette nel taschino e mi diede un buffetto gentile sul volto, quasi una carezza. Come sempre non aprì bocca, ma in quel gesto percepii grande tenerezza: era un modo per dirmi di stare tranquillo e non avere paura.

E poi venne il momento di sfilare in passerella, i tempi erano cronometrati al secondo e di nuovo era Armani a dettarli. Ci posizionammo uno dietro l'altro in attesa del suo "via". Io uscii fra i primi, oltre al via ricevetti anche un ulteriore incoraggiamento, un sorriso, e mi ritrovai sotto i riflettori.

Nei primissimi istanti regnò una gran confusione – ai miei lati c'erano tribune gremite di spettatori, di fronte un'esplosione ininterrotta di flash e in sottofondo una musica assordante – ma subito dopo, nei pochi secondi necessari ad attraversare la passerella, rividi tutta la mia vita. Le liti con mio padre, tutti i no che avevo ricevuto, la separazione, lo strazio di un doppio abbandono. E per la prima volta, oltre alla responsabilità, sentii anche l'onore di fare parte di un evento grandioso. Pensai che la vita mi aveva assestato colpi duri negli ultimi tempi, ma che ora in qualche modo mi stava offrendo l'occasione di ripartire, e forse di trovare un senso alla sofferenza.

Mentre percorrevo gli ultimi metri della passerella, lasciai andare tutto il peso delle preoccupazioni. Dopo tanto tempo mi sentii libero, leggero. Non avevo mai camminato con le spalle così dritte.

Quella sera, mentre rientravo a casa, chiamai mio fratello dal treno. «Com'è andata?» rispose lui al primo squillo.

«Bene, quell'insicuro di tuo fratello non ha sbagliato niente...» dissi tra le lacrime.

«Allora stasera si festeggia. Vado a comprare il nostro sushi dei poveri?»

Eravamo a metà mese, il conto era già pericolosamente vicino al rosso, prima di sessanta giorni non avrei ricevuto il compenso per le sfilate della Fashion Week e prima di due settimane non avrei incassato lo stipendio del negozio né quello del locale, ma dopo quella giornata, mi dissi, valeva la pena di fare una follia. «No, stasera si mangia sushi vero. Prenoto al giapponese dietro casa. Stasera ordiniamo tutto quello che vuoi.»

Diario di viaggio

14 agosto 2023

Ore 06:45

Oggi splende la pioggia, niente sole. I monaci mi hanno spiegato che posso anche scordarmelo, il sole, finché starò qui. Durante il periodo dei monsoni si può solo sperare in qualche occasionale schiarita. Certo che potevo scegliere un periodo migliore per partire! Ma non sono qui in vacanza, alla mia ricerca interiore non serve il sole. Posso farne a meno e, comunque, quando tornerò nella mia amata Castellaneta farò il pieno di sole. Sono un ragazzo fortunato, io.

Oggi salutiamo il Gyuto Tantric Monastery Temple per raggiungere la residenza del Dalai Lama a McLeod Ganj. Ci vorranno circa quaranta-cinquanta minuti di autobus. Chissà se avrò la fortuna di incontrare il Dalai Lama? Mi hanno spiegato che al momento Sua

Santità è in viaggio, ma potrebbe tornare presto nella sua residenza. Spero che rientri prima della mia partenza!

Ore 08:30

Arrivati! Ammetto che questo posto è inquietante. Siamo a duemila metri di altezza, nel mezzo della catena dell'Himalaya, e c'è nebbia ovunque. Appena scesi dall'autobus, maestro Sangpo mi mostra il nostro alloggio, una stanza in un ostello situato vicino a un monastero di monache tibetane.

«Rimarremo qua per qualche tempo, una settimana, dieci giorni… Vediamo come ti trovi…» mi dice.

«Super» gli rispondo. Ma nella testa mi ronza un pensiero: "Che cosa farò qui sulle montagne, senza Internet (c'è, ma va a giorni alterni per via della distanza dalla città e del maltempo), senza una vita normale? Chi me lo ha fatto fare?".

"Tu, Fabio, sei stato tu a decidere di partire. Quindi zitto e goditi il silenzio" mi dico.

Ho girato tanto, ho visitato tutti i continenti, ma in un posto simile non c'ero mai stato. È immerso nel nulla, sembra un'altra epoca. La mia stanza si affaccia sul vuoto, immagino che sotto le nuvole ci sia uno strapiombo. Le lenzuola odorano di pollo al curry, ma nell'insieme l'ambiente mi piace. E poi il pollo al curry è sempre stato uno dei miei piatti preferiti.

Esco sul balcone e faccio conoscenza con alcune scimmie. Difficile dire quante ce ne siano da queste parti. In Italia cani e gatti, qui scimmie e mucche ovunque, e montagne di letame che sei costretto a schivare continuamente.

Il maestro mi porta a vedere la residenza del Dalai Lama, un monastero semplice, colorato, dove si respira pace. Qualche volta faremo qui le nostre sessioni di meditazione. Altre volte, invece, staremo in mezzo alla natura, immersi nella nebbia.

Ora mangio qualcosa e poi ci mettiamo a studiare.

Ore 13:00

La discussione meditativa di oggi è incentrata sulla sofferenza, l'amore, la famiglia e tutto ciò che riguarda il cuore.

«Non sarà un po' troppo impegnativa, maestro?» domando.

Sangpo sorride, un sorriso che mi dice che adesso arriva la parte difficile, ma so che posso farcela.

Ci sediamo uno di fronte all'altro e gli consegno le chiavi del mio cuore. Mi sento a casa con lui, Sangpo mi trasmette un senso di protezione. Sono inerme come un bambino tra le braccia del proprio padre.

Incomincio a parlare, a lasciar correre i ricordi come un treno che ha mille carrozze, pieno zeppo di emozioni mai condivise. Nella mente si confondono tante immagini, il cuore mi martella nel petto. Sento mio padre che mi ripete che non diventerò mai nessuno. Vedo i gesti di amore di mia madre, sento le canzoni che mi cantava per farmi addormentare.

Ricordo la sua dolcezza, l'istinto di protezione nei confronti di mio fratello Marco.

Marco, che infanzia abbiamo avuto. La tua malattia, che ti ha costretto a entrare e uscire dagli ospedali per i primi anni, le partite a calcio in cortile, le pallonate sul cancello. Lo so, a volte sono stato uno stronzo a lasciarti a casa per uscire con gli amici. Ed è vero, ti ho rubato qualche ragazzina (ma non era colpa mia, erano loro che mi cercavano!). Ma in fondo siamo sempre stati una squadra. Ricordi le nottate passate a giocare alla Play? Fratello mio, mi manchi. Mi rendo conto solo ora che per troppo tempo ho indossato una maschera con te. Non ti ho mai raccontato del dolore, delle ossessioni, della solitudine. Non volevo darti preoccupazioni, ne hai già avute troppe nella vita.

Ma sono qui anche per questo, per migliorarmi e capire i miei sbagli e comprendere questo mio carattere così complicato. «Quando torno, la prima cosa che voglio fare è dare un bacio alle mie nipotine, e poi magari andiamo tutti insieme allo stadio a vedere Inter-Milan.»

«Inter?» domanda Sangpo interrompendo il mio flusso di parole.

«Sì, Sangpo, l'Inter! La squadra di calcio, la conosci?»

«Certo, Fabio! Anche noi monaci guardiamo le partite di calcio ogni tanto!» mi risponde, e ridiamo insieme.

15 agosto 2023

Ore 07:45

Devo aver esagerato con il cibo piccante ieri sera, ma dopo una mattinata turbolenta mi sento molto meglio!

Sto bene anche perché tra poco mi aspetta una passeggiata di dialogo meditativo nella foresta, in mezzo al nulla!

Non vedo l'ora! Vado. A dopo!

Ore 14:25

Tredici chilometri insieme a maestro Sangpo e a maestro Darwa Gyaltsen. Oggi tocca a me ascoltare i miei compagni che mi raccontano la loro storia.

Storie di vite difficili, dedicate allo studio e alla spiritualità, trascorse nei monasteri tibetani e poi improvvisamente strappate alla pace e alla tranquillità. L'occupazione cinese ha colpito l'intero popolo tibetano. La persecuzione religiosa ha provocato migliaia di vittime e ha distrutto migliaia di templi e luoghi storici. Molti monaci buddhisti, come maestro Sangpo e maestro Darwa Gyaltsen, sono stati costretti a emigrare in India.

Ascolto in silenzio i loro racconti, sbalordito di fronte alla crudeltà di cui è capace l'essere umano. Ma ciò che più mi colpisce è l'assenza di rabbia dei miei compagni. Non odiano i loro persecutori, come sarebbe naturale aspettarsi, anzi, provano compassione nei loro confronti. Compassione: il concetto fondante della filosofia buddhista.

Su questa parola non mi sono mai soffermato abbastanza. Ma vorrei che diventasse la chiave di lettura per rielaborare la storia della mia vita. Dove mi troverei ora, se fossi stato più comprensivo e compassionevole? Come sarebbe cambiata la mia vita se fossi stato meno egoista, se non avessi messo al primo posto l'orgoglio e i miei desideri?

I monaci si scambiano qualche battuta in lingua tibetana. Mi guardano, sorridono. Che cosa si saranno detti?

Sorridono di nuovo e mi abbracciano entrambi. Sono come un fratello piccolo per loro, un fratello che è inciampato e a cui tendono la mano per aiutarlo a rialzarsi.

Sento un legame innato con questi monaci. È come se il sangue che ci scorre dentro fosse lo stesso.

Ritorniamo al monastero con le vesciche ai piedi e il sangue sui calzini, ma sono talmente felice che non sento il dolore, anzi. Ho deciso che domani mattina mi sveglierò prima per rifare la stessa strada correndo.

Alla fine resterà solo il bene

Quando ero bambino sognavo di correre libero come un animale selvaggio. Oggi sogno di essere un albero, radicato nel terreno e carico di frutti che danno nutrimento agli animali di passaggio.

Nei giorni successivi alla sfilata, la mia vita cambiò repentinamente. Le mie foto erano su svariati giornali e il mio telefono squillava in continuazione: erano gli amici che mi riempivano di complimenti. «Te l'avevo detto che dovevi fare il modello!» mi ripetevano immancabilmente. Un'altra frase molto ricorrente, soprattutto nel locale di corso Sempione e nella boutique di via Montenapoleone, era: «Adesso che sei famoso, mollerai il lavoro». Io invece non ero intenzionato a mollare proprio nulla, a meno che qualcuno non mi avesse offerto un contratto a lungo termine, ma avevo già capito che nella moda le sicurezze erano un lusso.

Non che mi potessi lamentare. Massimo era molto soddisfatto di come stavano andando le cose. Avevo già ricevuto altre proposte di collaborazione con Armani per eventi aziendali e soprattutto mi avevano scelto come testimonial di una campagna pubblicitaria per Armani Jeans. E così imparai anche il significato del termine shooting: ore e ore davanti a un obiettivo, in mille pose diverse. All'inizio ero a disagio, ma un po' alla volta ci presi gusto.

Secondo Massimo, però, potevo ottenere di più: «Penso che tu abbia le caratteristiche per diventare un modello di caratura internazionale». A me non era chiaro cosa intendesse esattamente, finché un giorno mi propose una trasferta.

«Sei mai stato a New York?» mi chiese durante uno dei nostri sempre più frequenti pranzi insieme. Io scossi il capo – e chi aveva mai potuto permettersi certi viaggi? «Be', allora è arrivato il momento di colmare questa lacuna. Che ne dici?»

Mentre dividevamo le generose porzioni di sushi del nostro ristorante giapponese preferito, mi spiegò che aveva preso contatto con una rinomata agenzia newyorchese per proporre loro di rappresentarmi durante la Fashion Week. Era una prassi consolidata tra agenzie di Paesi diversi: si scambiavano modelli e si spartivano la percentuale sugli ingaggi.

«Sarebbe bello...» commentai io, incerto. «Ma quanto dovrei stare via?»

«Be', forse un paio di mesi. Dipende da quanti casting si presenteranno e da quanti contratti otterrai. Ovviamente vitto e alloggio saranno a spese dell'agenzia che ti rappresenta.»

Non era questo a preoccuparmi. La prima cosa a cui pensai fu mio fratello. Aveva trovato un lavoro e usciva con una ragazza, ma non mi piaceva l'idea di lasciarlo solo. E se si fosse sentito abbandonato anche da me? Poi c'era il mio lavoro, o meglio i due lavori part-time più o meno sicuri fra cui mi arrabattavo. Lasciarli, dopo tutta la fatica che avevo fatto per trovarli e ambientarmi, mi sembrava azzardato.

«Se le cose a New York andranno come mi aspetto» mi disse Massimo, «non avrai più preoccupazioni economiche per parecchio tempo.»

Anche Valentina mi incoraggiava ad accettare. «Che ci fai ancora qui?» mi ripeteva scuotendo il capo. «La tua strada è un'altra. Qui in negozio dovremo fare a meno di te, l'importante è che tu ci venga a trovare ogni tanto...»

Non era quello che volevo sentirmi dire. In fondo, la cosa che più mi frenava era la paura di trovarmi di nuovo solo, in una città sconosciuta, senza amici né altri punti di riferimento, proprio come mi era successo nei primi giorni a Limbiate o come quando eravamo arrivati in Italia dalla Germania, una sensazione che non avrei mai voluto riprovare nella vita. E a New York non ci sarebbe stato nemmeno mio fratello.

Cercavo un appiglio per rimanere, ma nemmeno Marco me ne offrì uno. «Fabio, devi andare! È la tua occasione. E di me non devi preoccuparti. Forse non te ne sei accorto, ma anche io ho imparato ad arrangiarmi da solo e adesso ho pure una ragazza fantastica che mi vuole bene. Non è che stai diventando più ansioso dei nostri genitori che abbiamo perso per strada?»

Aveva ragione. Nell'ultimo anno Marco era maturato: da ragazzino si era trasformato quasi in un adulto, e nonostante avesse risentito anche più di me delle burrasche in famiglia, era diventato un bravo ragazzo, onesto e responsabile.

Dunque non avevo scuse. Non appena il visto fu pronto, partii. E se ancora avessi avuto dubbi, all'aeroporto, proprio prima di imbarcarmi, andai a sbattere contro una parete dove campeggiava un manifesto Emporio Armani. Il mio destino era segnato, evidentemente.

Così, dopo il mio primo volo intercontinentale, eccomi a New York. «Where are you going?» mi chiese un uomo d'affari americano, mentre ci preparavamo a scendere dall'aereo.

«I have no idea» gli risposi.

«Oh» fece lui perplesso. «Good luck!»

Non sapeva quanto ne avessi bisogno.

Mi sentivo come i primi immigrati italiani giunti a Ellis Island all'inizio del Novecento. Seguivo il flusso di viaggiatori senza avere in testa una meta precisa. Non sapevo dove avrei alloggiato né quale sarebbe stato il mio programma di lavoro. Massimo mi aveva detto soltanto che all'aeroporto avrei incontrato un rappresentante della mia agenzia newyorchese e che avrebbe pensato lui a tutto. In effetti, dopo una lunga trafila all'ufficio immigrazione, fui prelevato da un uomo con gli occhiali da sole che reggeva un cartello col mio nome. Senza darmi troppe spiegazioni, mi condusse alla sua auto. Mi sentivo smarrito nell'enorme parcheggio del JFK, e ancora di più quando ci immettemmo nel traffico di quella che sembrava un'autostrada infinita. Ma quando Manhattan comparve all'orizzonte e riconobbi il profilo dei grattacieli, avvertii la potenza del sogno americano. Ne avevo sempre sentito parlare, ma ci cascai in pieno comunque. Mentre attraversavamo il Ponte di Brooklyn, mi immaginavo già come il protagonista di un film, l'eroe umile destinato a conquistare il mondo partendo dal gradino più basso della scala sociale.

Il copione in cui mi ero calato fu seguito alla lettera, perché l'uomo dell'agenzia non mi depositò in un bell'albergo con vista su Central Park come ingenuamente avevo immaginato, ma in una pensioncina di Soho, dove un concierge dai denti marci mi diede una chiave arrugginita e le istruzioni per raggiungere una stanza in piccionaia. Quando aprii la porta, mi ritrovai davanti una specie di camerata, occupata da quattro letti a castello. Avevo infatti sette compagni, sette aspiranti top model, giunti da ogni parte del mondo – Buenos Aires, Mosca, Londra, Amsterdam, Bruxelles – per cercare come me fortuna a New York.

Se dopo l'incredibile colpo di fortuna che mi aveva portato dalle vetrine di Montenapoleone alla passerella di Armani mi ero illuso di avere già fatto un buon salto di livello, nella pensione di Soho mi sentii di nuovo una Cenerentola, o almeno uno dei tanti partecipanti al ballo. Perché, come avrei scoperto già nei primi casting, ogni agenzia di moda allevava modelli in batteria e, in previsione della Fashion Week, ne presentava a decine alle selezioni per le sfilate e per le campagne di advertising. Era come se in città fosse in pieno svolgimento una grande fiera, in cui gli agenti tentavano di piazzare la propria merce ai migliori offerenti. Quasi tutti i modelli coinvolti avevano ottenuto importanti successi in patria – c'era chi aveva sfilato con Gucci, chi con Louis Vuitton, chi con Dolce & Gabbana. Ora, però, si ripartiva da zero. Ai casting eravamo l'uno contro l'altro e, come in uno di quei talent show spietati, se non cominciavi presto a passare selezioni e a firmare contratti venivi rispedito a casa con tanti saluti.

A dispetto del clima di serrata competizione che si respirava nei grandi alberghi dove si svolgevano le selezioni, nella nostra cameretta con i quattro letti a castello, che ricordava tanto la stanza dei sette nani di Biancaneve, si era instaurata da subito una grande complicità. Oltre a partecipare agli stessi casting, io e i miei compagni la mattina ci allenavamo in palestra insieme, nel tempo libero giocavamo a calcio, la sera ci riunivamo nella terrazza comune della pensione per cenare. Eravamo tutti spiantati: la diaria che ci passavano le agenzie era appena sufficiente per permettersi un pasto da asporto nella rosticceria cinese dietro l'angolo, quasi sempre un chicken curry. E mentre mangiavamo seduti a terra, servendoci direttamente dalle vaschette di alluminio, ci scambiavamo racconti di vita. Era sorprendente quanto le nostre storie fossero simili. Eravamo ragazzi di umili origini, approdati alla moda quasi per caso, che cercavano il successo soprattutto per aiutare genitori e familiari in difficoltà. Di tutte, mi aveva colpito la storia del ragazzo argentino, Manuel, che aveva perso il padre quando era ancora molto piccolo ed era cresciuto solo con la madre e le sue sorelle. Per lui stare lontano da casa era una sofferenza, chiamava ogni sera, si preoccupava che i suoi stessero bene. Provavo quasi invidia per il legame che aveva con la sua famiglia. A parte qualche rapida telefonata con Marco, che era sempre più impegnato con il nuovo lavoro e la fidanzata, io avevo praticamente tagliato i ponti con tutti.

La persona che sentivo più spesso era Massimo, che oltre a curare i miei interessi sul lavoro stava diventando una specie di fratello maggiore. «Ti sei ripreso dal jet lag? Non trascurare il sonno, mi raccomando» mi ripeteva quasi ogni sera. «E lascia perdere le feste.» Quando ero preoccupato in vista di qualche casting, trovava sempre il modo di motivarmi. «Fabio, sono certo che piacerai. Ci sono modelli che hanno volti contemporanei, con qualche tratto particolare, che magari per una stagione appaiono su tutte le copertine, ma poi al primo cambio di vento spariscono. Tu, invece, hai una bellezza classica, di quelle che resistono al passare del tempo. I brand più importanti cercano questo tipo di bellezza, una bellezza eterna. Io sono convinto che anche a New York saprai farti valere.»

Anche se era piuttosto giovane come agente, Massimo ci vedeva lungo. Dopo i primi casting, infatti, ottenni subito due contratti importanti e l'agenzia newyorchese decise di premiarmi, spostandomi in un appartamento tutto per me a Brooklyn. Da una parte, mi dispiacque lasciare i miei compagni della pensione di Soho, dall'altra mi innamorai subito del nuovo quartiere. Era una zona piena di laboratori di artisti, di murales, di musica. C'erano locali aperti a tutte le ore. Quando non ero impegnato nelle sfilate o in qualche altro lavoro, bighellonavo per il quartiere. Ogni tanto, ignorando le raccomandazioni di Massimo, frequentavo anche i party organizzati dai brand.

Ero abituato agli eccessi delle feste nei locali milanesi, ma quelli newyorchesi erano oltre ogni misura. Ricordo, per esempio, un party in un grande capannone vicino al porto, una specie di hangar. Era pieno di modelle e modelli, reduci come me dalle sfilate del pomeriggio alla Fashion Week. La maggior parte di noi non toccava cibo dalla prima colazione, ma a parte qualche stuzzichino, i camerieri non facevano altro che portare avanti e indietro flûte di champagne. Finché a un tratto la musica si interruppe e si abbassarono le luci. Illuminati da alcuni fari laterali comparvero quattro camerieri che portavano vassoi ancora più grandi dei precedenti, tutti coperti da una cloche. "Finalmente si mangia" pensai. Raggiunto il centro della sala e dopo un interminabile rullo di tamburi, i quattro sollevarono le cloche, rivelando bianchissime montagne di cocaina.

Ero incredulo, non avevo mai visto niente di simile in vita mia. Quanto poteva valere tutta quella roba? Oltre alla droga, intorno ai vassoi erano disposte anche banconote in tagli da cento già arrotolate e pronte all'uso. Un cameriere si avvicinò e mi offrì una dose generosa che raccolsi nel palmo, mentre con l'altra mano presi un rotolino di banconote.

Poi andai in bagno, dove c'erano già decine di ragazzi chini sui lavandini. Stavo per rifugiarmi dentro un gabinetto, quando un ragazzo si fece avanti. «Per caso te ne avanza un po'?» chiese, indicando la polverina bianca che avevo ancora nel palmo. Allora, invece di gettarla nello scarico, decisi di cederla a lui. Comunque non l'avrei mai sniffata – del resto non avevo mai nemmeno fumato una sigaretta.

Anche se mai in modo tanto plateale, mi era già stata offerta della droga in passato, ma non mi ero mai lasciato tentare. C'erano troppe ragioni che me lo impedivano: prima di tutto l'educazione sportiva che avevo ricevuto. Il Mosca me lo ripeteva di continuo, «Cura il tuo corpo come se fosse un tempio», e io mi attenevo scrupolosamente ai suoi dettami. Non avevo mai nemmeno bevuto una birra. Non mi piaceva l'idea di introdurre sostanze nocive nel mio organismo: gli svantaggi mi parevano di gran lunga superiori ai vantaggi. Ma c'erano anche i ricordi di zio Roberto, un fratello più piccolo di mio padre, a frenarmi. Quando ero bambino era lo zio giovane, bello, solare e un po' selvaggio. Oltre ai capelli lunghi, portava sempre una collana con un ciondolo a forma di scorpione. «Quando sarai grande» mi diceva sempre, «questa collana sarà tua.» Era lo zio che mi regalava giocattoli, che mi portava in giro sulla sua Vespa per le vie del borgo antico di Castellaneta, che mi faceva addormentare con le sue imitazioni di Adriano Celentano. Poi all'improvviso si era fatto vedere sempre meno, finché non era sparito del tutto. A un certo punto era finito in carcere, dopo aver commesso qualche piccolo furtarello. Io e mio padre andammo a trovarlo insieme – avevo appena undici anni – ed era irriconoscibile: del suo sguardo vivo, furbo, non c'era più traccia. Aveva un colorito grigiastro e l'espressione distante – forse si vergognava. Ciononostante, quando gli chiesi di farmi una delle sue imitazioni di Celentano, mi accontentò. Quella fu l'ultima volta che lo vidi. Qualche mese dopo fu ritrovato morto per overdose, da solo, in un'altra città. Al collo portava ancora il suo scorpione, quello che non poté mai regalarmi, perché non mi vide mai diventare grande.

Il motivo principale per cui mi ero sempre tenuto alla larga dagli eccessi, però, era un altro. C'erano stati alcuni momenti, quando mi ero ritrovato solo, in cui sarebbe stato facile abbandonarsi al vuoto e lasciarsi andare, come forma di ribellione o per attirare l'attenzione di quei genitori che mi avevano abbandonato, ma la responsabilità che sentivo nei confronti di Marco non me lo permetteva. Non potevo sgarrare, perché dovevo esserci per tutti e due.

Mentre guardavo tutti quei ragazzi intenti a pippare, pensavo che io non ero così né lo sarei mai stato. Anche se ora sfilavo a New York e giravo campagne pubblicitarie per Armani, ero sempre il ragazzo con la testa sulle spalle che non sapeva concepire trasgressione più grande di un'abbuffata di sushi. Malgrado tutto, non avevo perso di vista il valore delle cose, e infatti mi liberai subito della droga, ma i rotolini di banconote li avevo già infilati in tasca, in una specie di riflesso condizionato. Non avrei mai potuto dimenticare i tempi in cui una cifra simile dovevo farmela bastare per un mese.

Del resto, anche se volessi condannare all'oblio la mia storia, ci ha sempre pensato la vita a ricordarmi chi sono e da dove vengo, grazie ad alcuni incontri più o meno fortuiti. Una delle ultime sere che trascorsi a Brooklyn, uscii per comprarmi un hamburger nel fast food più vicino. Non appena un cassiere col cappellino mi consegnò il sacchetto con la cena, mi avviai a passo rapido verso casa, ma due occhi neri mi inchiodarono sul posto. Erano gli occhi di un senzatetto accampato nei pressi di una panchina. Misi subito mano al portafoglio e ne estrassi due banconote da dieci dollari, ma lui fece no con la testa. «No, amico. Posso avere un pezzo di quello?» disse indicando il sacchetto con il cibo.

Di primo acchito pensai che fosse una richiesta bizzarra: con venti dollari avrebbe potuto comprarsene tre, di hamburger. O forse, mi dissi, l'hamburger era solo un pretesto, forse quell'uomo aveva bisogno di un po' di compagnia. Tornai nel locale, comprai un altro panino e andai a sedermi sulla panchina. Mentre assaporavamo i nostri hamburger ancora caldi, cominciammo a parlare. Gli chiesi di raccontarmi la sua storia e, senza farsi pregare, mi disse che fino a qualche anno prima aveva una vita normale, con una moglie e una figlia, una casa e un lavoro. Poi, un incidente gli aveva portato via tutto. «Mia moglie e mia figlia sono morte» disse. «La casa e il lavoro li ho lasciati io.»

Da allora viveva per strada, senza nessuna ambizione se non quella di sopravvivere. «Non c'è nessuno che possa aiutarti, Dave?» gli chiesi.

«Non ho bisogno di aiuto, né di un tetto sulla testa. Io sto bene così. Vivo nel ricordo e questo mi basta.»

«Ma non pensi che un giorno potresti essere di nuovo felice?»

«Ho già avuto abbastanza, Fabio, e non so se sarei in grado di sopportare un'altra perdita. La vita è imprevedibile, ricordatelo. Da un giorno all'altro può cambiare tutto. Lascia andare la tristezza, il rancore, i sentimenti negativi. Ricordati che alla fine ti resterà solo il bene.»

Di me non gli avevo raccontato nulla, ma sembrava che il mio amico avesse capito quali erano le cose importanti, essenziali. Annuii, sentivo che in qualche modo aveva ragione, anche perché, ora che finalmente la vita mi liberava dai fardelli e mi regalava qualche gioia, avrei dovuto essere felice, e invece le scorie del passato continuavano ad avvelenarmi il presente. Eppure, non ero ancora pronto a lasciare andare o, forse, semplicemente non riuscivo più a vedere il bene. Quell'incontro mi spinse tuttavia a una risoluzione: dovevo smetterla di rimuginare su ciò che era stato, dovevo uscire dal ruolo di vittima. Adesso avevo i mezzi per costruirmi da solo la vita che desideravo. Stava a me.

Nei giorni successivi, tornai più volte alla panchina davanti al fast food, perlustrai anche le strade vicine: volevo dire addio a Dave e ringraziarlo un'ultima volta prima della partenza. Ma non riuscii a trovarlo da nessuna parte.

Diario di viaggio

16 agosto 2023

Ore 06:00

La sveglia suona, qualche scimmia viene a trovarmi sul balcone, mentre cambio i cerotti sulle vesciche che mi ha lasciato la camminata di ieri. Come promesso, oggi comincio con una corsetta in solitudine. Sento che mi farà bene!

Ore 08:30

Giornata stupenda! Ho corso per ben dieci chilometri, senza mai fermarmi, tra le scimmie e i totem di letame in mezzo al sentiero. Poi ho fatto colazione con i miei monaci: scrambled eggs e un po' di frutta fresca. Anche oggi piove a dirotto, ormai il sole non so più neanche come sia fatto. Per ingannare il tempo, chiedo ai monaci di raccontarmi delle monache tibetane che vivono nel complesso.

Scopro, così, che nella residenza del Dalai Lama c'è una monaca italiana, si chiama maestra Maria Luisa Tenzing Ojung. Un tempo aveva una famiglia e dei figli, ma poi si è convertita al buddhismo e ha lasciato l'Italia. Vive nel monastero ormai da quarant'anni, è tra le monache più anziane, ed è quasi impossibile incontrarla.

«Impossibile?» dico ai monaci. Per me non c'è nulla di impossibile. Li imploro di accompagnarmi alla residenza del Dalai Lama. «Al resto» garantisco «ci penserò io.» Finiamo di fare colazione e ci fiondiamo al monastero di Sua Santità, dove il destino ci viene incontro, perché ci imbattiamo proprio nel traduttore ufficiale del Dalai Lama - è maestro Sangpo a riconoscerlo. Chi meglio di lui può aiutarci?

Con la mia faccia tosta, mi faccio avanti: «Buongiorno, mi spiace tanto disturbarla, ma io… io avrei un sogno… anzi due! Prima di tutto mi piacerebbe incontrare il Dalai Lama e poi vorrei tanto conoscere la monaca italiana che vive nel monastero».

Maestro Sangpo è scioccato! Giuro che non l'ho mai visto così. Ma in fin dei conti che cosa ho fatto di male? Per fortuna mister Kailash, questo il nome del traduttore del Dalai Lama, mi sorride e risponde che proverà a esaudire i miei desideri. Poi aggiunge: «Complimenti per la caparbietà! Non capita spesso che qualcuno mi avvicini con questa determinazione!».

Lo ringrazio e mi giro verso maestro Sangpo. «Visto?» Mister Kailash mi saluta, abbraccia maestro Sangpo e si allontana. Dieci minuti dopo… Boom! Il telefono del maestro squilla. È lui, mister Kailash! Non so come abbia fatto, ma ha ottenuto il numero della monaca italiana!

Non perdo tempo. Chiamo subito. Il telefono squilla una, cinque, dieci volte, ma non risponde nessuno. Non importa, ci vogliono pazienza e compassione, ora lo so.

Ci riprovo, e questa volta una voce femminile mi risponde al primo squillo. «Maestra Maria Luisa Tenzing Ojung?» domando, trattenendo il respiro.

«Sì, chi parla?»

«Ecco, lei non mi conosce, sono un semplice ragazzo che è venuto in India per studiare la filosofia buddhista. Mi chiamo Fabio.»

«Come posso aiutarti, Fabio?»

Le rispondo che sarei curioso di conoscere la sua storia. Com'è arrivata dall'Italia alla residenza del Dalai Lama?

Rimane in silenzio per qualche istante, poi scioglie le riserve: «Puoi raggiungermi nel monastero alle quattordici, questo pomeriggio. Chiedi alla direttrice di accompagnarti nel mio appartamento. E porta con te anche i monaci che ti ospitano».

Bingo! Sangpo è sempre più incredulo.

«Forza e coraggio, maestro!» Gli faccio l'occhiolino e lui mi sorride.

Ore 13:55

Siamo arrivati al monastero cinque minuti prima dell'appuntamento. Io e il maestro siamo impazienti, anche perché maestra Maria Luisa è una delle prescelte del Dalai Lama, una delle prime monache a essere accolte nella residenza di McLeod Ganj.

La direttrice del monastero ci aspetta e ci prepara all'incontro. «Maestra Maria Luisa ha ottantatré anni e il suo udito non è più quello di una volta» ci informa. «Siate educati e gentili con lei.»

Appena arrivati, ci apre la porta una delle donne più belle che abbia mai visto, il cranio rasato dalla forma elegante e gli occhi di ghiaccio che mi ricordano quelli di mio padre. Il suo alloggio è piccolissimo, ma pieno di foto stupende che raccontano un intero cammino di vita. Maestra Maria Luisa ci fa sedere e comincia a raccontare.

Un tempo viveva a Milano (un'altra coincidenza? Forse…) ed era sposata, un matrimonio da cui sono nati tre stupendi figli, di cui è tutt'oggi molto orgogliosa. Dopo la separazione dal marito, però, ha affrontato un periodo molto duro. I suoi figli erano adulti, ormai, perciò a un certo punto ha deciso di dedicarsi alla scoperta di se stessa e si è avvicinata al buddhismo. Allora ha sentito una voce, la stessa voce che ha attirato anche me tra queste montagne. Dopo un lungo soggiorno e dopo un percorso profondo di ricerca interiore e rinascita, maestra Maria Luisa ha deciso di diventare una monaca buddhista. E la cosa strana è che la vocazione è arrivata mentre si trovava nello stesso monastero di maestro Sangpo - un'altra coincidenza o forse il destino.

Mentre maestra Maria Luisa parla, nella stanza avverto vibrazioni familiari. Ho la sensazione di parlare con mia nonna, che è morta tanti anni fa. A un certo punto, mi rendo conto che sono passate quasi due ore e che maestra Maria Luisa sembra affaticata. Prima di congedarmi, le chiedo se ha un desiderio. Ci pensa un po', quindi indica due grandi cornici nere appese alla parete che contengono le foto dei suoi figli. Mi dice che le piacerebbe sostituirle con delle cornici colorate, ma non sa come fare, perché gli acciacchi dell'età non le permettono più di andare in giro a fare spese.

«Torno subito da te» le dico.

Mi precipito fuori dal monastero. Ho visto delle cornici colorate in un bazar lì vicino. A volte basta così poco per portare la felicità nella vita delle persone. Maestro Sangpo mi segue senza fare domande. Credo che ormai abbia imparato a conoscermi.

Passati pochi minuti, ci ripresentiamo a casa di maestra Maria Luisa con le cornici colorate. Prima di salutarla di nuovo, le chiedo due cose. La prima è che cosa vorrebbe che portassi con me dopo il nostro incontro.

Lei senza esitare mi risponde: «L'altruismo, Fabio. Continua ad aiutare gli altri, come hai fatto oggi con me. Perché sono certa che hai un cuore grande e generoso».

La seconda cosa che le chiedo è di farmi una promessa: «Mi fermerò qui per circa un mese. Mi chiamerai se avrai bisogno di cornici colorate o se avrai voglia di parlare con qualcuno? Qualunque cosa tu desideri, io ci sarò. Mi sento già un tuo nipote acquisito!».

Le brillano gli occhi, mi abbraccia e io vado via felice. Sono sicuro che da lassù mia nonna ha preso parte a questo incontro, in qualche modo. Da oggi mi sento meno solo. Grazie, maestra Maria Luisa.

17 agosto 2023

Ore 15:30

Oggi ho trascorso tutto il giorno nel monastero delle monache, meditando e dialogando con alcuni giovani monaci che vogliono imparare l'inglese.

Mi hanno affidato una piccola classe. Insieme, abbiamo parlato di come i pensieri possano trasformare la realtà, e del fatto che la realtà sia indefinibile. Ho chiesto ai ragazzi del gruppo che cosa fosse per loro la realtà. «Provate a pensarci… La chiave di lettura è spesso soggettiva, vero? Come accade con l'arte. C'è una componente estetica importante. Il bello ci attrae. Ma se una cosa piace a me, non deve necessariamente piacere a tutti. Allo stesso modo, ognuno di noi ha un'esperienza diversa della realtà.»

I ragazzi sono decisamente interessati. Mi piacciono i metodi di insegnamento che usano i monaci. Studiano molto sin da bambini, ma lasciano anche tanto spazio alla pratica. Intavolano discussioni guidate dai maestri. Ogni individuo riflette sulla propria crescita personale con il gruppo, che ovviamente non esprime un giudizio.

Gli allievi imparano la libertà di espressione, fin da piccoli, senza imposizioni. L'unica regola è il rispetto del pensiero altrui.

Mi piacerebbe che anche nelle scuole italiane si applicassero gli stessi metodi. Un po' di contaminazione con altre culture, con altri modi di pensare sarebbe solo positiva.

Ore 17:00

Finita la lezione con i ragazzi, ho un altro impegno. Devo andare al market a comprare dei cioccolatini. Per chi saranno mai? Ma per la mia nonna acquisita, la monaca Maria Luisa. Voglio solo passare a farle un salutino, senza disturbarla. Quando mi vede è felicissima, e questo mi basta.

Poi raggiungo maestro Sangpo, che mi aspetta nel monastero per la nostra sessione quotidiana di meditazione. Lo trovo già seduto, con le gambe incrociate e l'espressione serena. Oggi affrontiamo un tema molto importante nel buddhismo, l'empatia, che si traduce nella capacità di immedesimarsi negli altri.

Maestro Sangpo mi spiega che esistono tre livelli diversi di empatia.

Il primo è il più immediato e semplice, è l'empatia che scatta quando vedi qualcuno che ti piace, quando ricevi delle vibrazioni buone e riesci a comprendere il punto di vista altrui in modo quasi intuitivo.

Il secondo, già più complesso, ci permette di capire i sentimenti degli altri, intuendone i pensieri. È la capacità di andare oltre le apparenze, di non lasciarsi condizionare da ciò che vedono gli occhi, una capacità sempre più rara ai giorni nostri. Quante persone giudicano senza conoscere?

Il terzo livello è l'empatia del dolore, è ciò che ci consente di comprendere e sentire il dolore degli altri. Per esempio, vi è mai capitato di soffrire per il vostro cane che stava male, di provare anche un dolore fisico? A me sì, ed è stata un'esperienza dura, ma anche di profonda unione.

Oltre l'empatia, c'è la compassione, che è la molla che ci spinge ad agire per aiutare chi soffre. L'empatia è il presupposto della compassione.

Più studio questa filosofia, più mi accorgo di quanto male ho fatto in passato anche involontariamente. Ma sento anche che sto crescendo, che sto diventando una persona migliore.

Buonanotte.

Il modo migliore per dire addio

Quando siamo legati a qualcosa, abbiamo
costantemente paura di perderlo.
Succede per gli affetti e per le cose materiali.
Ma niente dura davvero per sempre, perché tutto
quello che ci circonda è soggetto al cambiamento.
Niente è per sempre se non il cambiamento.

Ero pronto per plasmare la mia nuova vita e ovunque vedevo segnali propizi. Di ritorno da New York, per esempio, atterrai a Malpensa. Da lì avrei potuto prendere un taxi, ma poiché non mi andava di passare un'ora nel traffico della tangenziale, salii sul treno per Milano e, appena giunto in Stazione Centrale, mi imbattei nel video della mia pubblicità per Emporio Armani trasmesso su uno schermo gigantesco. Avanzavo tra la folla e guardavo il filmato e l'unico pensiero che riuscivo a elaborare era: "Hai visto, papà, che cosa sono riuscito a fare anche senza di te?". Confrontavo le immagini che mi scorrevano davanti agli occhi con i ricordi delle foto di mio padre da giovane: un ragazzone aitante, muscoloso, con lo sguardo di ghiaccio, che stando ai racconti di mia nonna e delle zie era corteggiatissimo. "Ma io, papà" pensavo, "io sono meglio."

Questi pensieri furono interrotti dal mio cellulare, che iniziò a squillare mentre stavo per imboccare la metropolitana: «Fabio, sono Massimo. Dovresti venire in agenzia appena possibile. È una cosa urgente».

Mi presentai negli uffici della Beatrice Models con il mio enorme bagaglio al seguito. Massimo mi accolse con un gran sorriso. «Abbiamo appena ricevuto una proposta e volevo parlartene di persona. Armani ti vuole come testimonial della campagna Armani Jeans. Ti rendi conto di cosa significa?»

Massimo mi spiegò che in passato quella campagna aveva avuto i volti di personaggi come Cristiano Ronaldo, David Beckham e Rafael Nadal. «Questo è un gran colpo, Fabio.»

Era davvero un gran colpo, che si sommava alla decina di ingaggi che avevo ottenuto durante la permanenza a New York. «Se accetti» concluse Massimo – e io naturalmente accettai –, «si parte tra pochi giorni per Cesenatico. La scattiamo lì, la campagna, sulla spiaggia.»

Neanche il tempo di tornare, dunque, e mi ritrovai coinvolto in un vortice di nuovi impegni. Oltre alla trasferta a Cesenatico, partii per Londra, Madrid, Tokyo. Nel frattempo, sul conto in banca arrivavano i primi guadagni e la vita del pendolare divenne un lontano ricordo: non avevo più bisogno di alzarmi all'alba per prendere tre mezzi diversi; ora l'agenzia mi mandava dei driver che mi portavano agli aeroporti o verso altre destinazioni.

Presto cominciai a pensare che fosse giunto il momento di trovare un'altra sistemazione, una casa più grande e in una posizione più comoda, ma mio fratello mi anticipò. La relazione con la sua nuova ragazza si stava consolidando, tanto che progettavano di andare a vivere insieme. «Sono contento per te» gli dissi. «E non preoccuparti per me, tanto prima o poi mi sarei dovuto spostare in città.»

Ero contento all'idea di cercarmi un nuovo appartamento a Milano, ma allo stesso tempo mi sentivo spaesato. In quella fase di stravolgimenti, mio fratello era rimasto l'unico punto fermo, il nido presso cui rifugiarmi. Da chi sarei tornato negli intervalli tra un viaggio e l'altro? Chi mi avrebbe aspettato? Massimo era ormai diventato un amico, a cui mi legava, oltre il lavoro, la solitudine. Era arrivato a Milano per la carriera, lasciandosi la famiglia alle spalle, e anche lui cercava con fatica di mettere radici in quel microcosmo impazzito dove tutti si muovevano vorticosamente. Ma per quanto vivessimo situazioni simili, non potevo certo pretendere che Massimo facesse le veci di un fratello.

Fu allora che il mio destino incrociò quello di Eleonora. Lavorava con me al caffè di corso Sempione come cameriera. Era bellissima, con il naso all'insù, gli occhi color nocciola e i capelli lunghi da figlia dei fiori. E da figlia dei fiori aveva anche la personalità: studiava filosofia, era anticonformista per principio e fumava. Abbiamo cominciato a conoscerci quando ormai avevo dato le dimissioni dal locale.

«E così te ne vai?» mi chiese una sera con aria scettica, mentre sistemavamo i tavoli dopo la chiusura. Era un evento raro che Eleonora rivolgesse la parola a qualcuno. Aveva un carattere schivo e riservato, ma soprattutto diffidava dei «fighetti milanesi», una definizione calderone che nella sua concezione includeva chiunque lavorasse nella moda, nel marketing, nelle pubbliche relazioni, nei locali di tendenza. Non avevo grandi speranze con una così tosta, ma decisi di provarci lo stesso, senza fingere di essere diverso da com'ero.

«Eh, sì, farò il modello di professione. Questo non significa che abbia intenzione di montarmi la testa.»

«Dubito che riuscirai a evitarlo... Qui dentro non si parla

d'altro che delle tue sfilate. Le clienti vengono solo per conoscere te. Sei già una celebrità.»

«Una celebrità che fino all'altro giorno faceva fatica a mettere insieme i pasti e che ha tagliato i ponti con tutta la famiglia. Certe cose te le porti dentro per sempre...»

Da quel giorno cominciai a frequentare la casa di Eleonora. E così scoprimmo le nostre affinità. Anche Eleonora veniva da una famiglia disastrata, smembrata, dispersa in luoghi lontani. Eravamo due anime randagie, che avevano avuto una buona educazione, ma erano cresciute per strada e nella società si sentivano inadeguate. Ho capito di essere innamorato di Eleonora dopo la prima vacanza insieme. «Ti porto in un posto speciale» mi aveva detto lei. «Ma scordati gli alberghi di lusso a cui ti stai abituando.»

Mi portò a Stromboli, in un rudere dove non c'era nemmeno l'acqua calda. Ogni mattina prelevavamo l'acqua da una cisterna e la lasciavamo al sole perché si riscaldasse, e poi la sera la usavamo per lavarci. Andavamo a nuotare tutti i giorni, catturavamo ricci e polpi e li cucinavamo sulla griglia che avevamo approntato in giardino. Trascorrevamo le giornate così, all'aria aperta, nudi, il più possibile lontani dalla civiltà. In quel momento, pensavo che fosse quella la vita ideale, che era così che avrei voluto vivere per sempre, altro che hotel di lusso. Avrebbe dovuto essere una vacanza di una settimana, ma rimanemmo a Stromboli un mese.

Quando trovai un appartamento a Milano, mi venne naturale chiedere a Eleonora di dividerlo con me. Subito dopo aver fatto il grande passo, la presentai a Massimo. Mi sarebbe piaciuto che loro due legassero, ma andò anche meglio del previsto.

Divennero amici molto presto, e quando Massimo ebbe bisogno di una nuova assistente propose l'incarico a Eleonora, che accettò. In breve formammo un trio, a cui si aggiunse Ed, un tenerissimo beagle.

Non so quante cene consumammo insieme nella mansarda che avevo preso in affitto in centro a Milano. Massimo era molto premuroso, si assicurava che mangiassimo cibo sano, ci aiutava nella gestione della burocrazia. Sul lavoro era assertivo ed esigente, ma con noi due era protettivo e sensibile. Si sentiva come una specie di tutore. E io ero contento che durante i miei viaggi di lavoro ci fosse lui accanto a Eleonora.

Alla fine ce l'avevo fatta, dunque, ero riuscito a costruirmi un nuovo nido. E da quando ero diventato un top model ne avevo più che mai bisogno. Intorno a me, infatti, si era creato il vuoto. Molti vecchi amici e parenti, soprattutto quelli di mentalità più chiusa, avevano qualche pregiudizio nei confronti della mia nuova professione. «Non è un vero lavoro» mi dicevano. «È un mondo pieno di drogati e pervertiti.» Per alcuni ero diventato la vergogna della famiglia. Credo che in molti casi alla base ci fosse soprattutto l'invidia per i soldi facili, la notorietà e il mio stile di vita. Era una reazione comprensibile, in parte, ma il muro che mi divideva dai miei familiari, così, diventava ancora più alto.

Poi c'erano i nuovi amici, o almeno quelli che millantavano di esserlo, ma in realtà si avvicinavano per interesse, perché ero famoso, perché mi piaceva offrire cene e fare regali e perché, come mi diceva Massimo, avevo le mani bucate. Non riuscivo a distinguere la gente ben intenzionata dagli approfittatori, finendo spesso per fare una gran confusione. E allora preferivo rifugiarmi nella sicurezza che mi offriva il mio nido.

Ciononostante, non riuscivo a restare fermo più di qualche giorno. Appena tornavo da un impegno, non vedevo l'ora di ripartire. Non c'era proposta di lavoro o meta che mi scoraggiasse: Giappone, Cina, Sud America, Australia. Adoravo viaggiare, e ogni ingaggio era una medaglia in più che potevo vantare, un'altra dimostrazione del mio valore. Allora non me ne rendevo conto, ma agivo solo per ripicca. Ogni campagna pubblicitaria era un messaggio che inviavo ai miei genitori e a chi mi aveva tradito: "Ecco di cosa sono capace!". Visualizzavo mia madre e mio padre davanti alle mie foto sui giornali. Chissà che smacco per loro, pensavo, chissà se ora si pentiranno di avermi dato così poco credito.

Nelle rare occasioni in cui accettavo di parlare dell'argomento, Marco tentava di spiegarmi che la realtà era molto diversa. «Non abbiamo avuto due genitori perfetti» mi diceva, «ma ti assicuro che ti vogliono bene.»

Mio fratello continuava a frequentarli. Di tanto in tanto, andava a trovare la mamma, che viveva ancora dalle parti di Pavia e offriva ospitalità a papà nelle sue frequenti puntate in Italia. «Papà mi ha chiamato l'altro giorno dall'aeroporto, era appena atterrato e si è trovato davanti la pubblicità che hai fatto per Armani, quella in cui cammini sulla spiaggia. Era emozionato, Fabio. È orgoglioso di te. Mi ha detto che era una foto bellissima. Gli manchi.» Ma ogni volta che Marco si cimentava in uno dei suoi goffi tentativi di riconciliazione, falliva. Mi riusciva difficile credergli: mio padre non si emozionava mai, era l'uomo severo e distaccato che mi aveva cresciuto con il pugno di ferro. In me non c'era più traccia dell'uomo ferito e devastato dalla separazione.

Non solo Marco, ma anche Massimo, che aveva un carattere molto più riflessivo, mi invitava a guardare ai miei genitori con più indulgenza. «Io non potrei mai chiudere con i miei genitori. Ma che ti costa dare ai tuoi un'altra possibilità? Chiamali, cerca di capire le loro ragioni...»

Non ero d'accordo: i miei non meritavano un'altra possibilità, e ascoltare le loro ragioni sarebbe stato inutile, perché non credevo nella loro buona fede. E così continuavo la mia vita frenetica: ero una trottola che, non volendo pensare troppo, non si fermava mai. Prendevo in media cento aerei in un anno, trascuravo Eleonora e non avevo più rapporti con i miei familiari, se non per telefono. Finché, a un certo punto, venne a mancarmi il terreno sotto i piedi.

Ero in partenza per uno dei miei tanti viaggi quando, controllando i documenti, mi accorsi che l'agenzia non mi aveva mandato il biglietto aereo. Chiamai subito per verificare se ci fosse stato un disguido. Mi dissero che in effetti non era stato prenotato nessun biglietto perché il viaggio non era previsto: Massimo, che aveva il compito di dare disposizioni sui voli, non aveva segnalato niente. E, a dirla tutta – continuò la segretaria con cui parlai –, Massimo non si presentava in ufficio da quasi una settimana per imprecisati motivi di salute. Non era da lui: da quando lo conoscevo non aveva mai saltato un giorno di lavoro, era più stacanovista di me. Lo chiamai subito. Mi rispose con una voce fioca: «Fabio, scusa, mi sono preso una brutta influenza e ho perso la cognizione del tempo. Mi dispiace per il tuo viaggio, me ne ero dimenticato».

Non ci fu modo di trovare un altro biglietto e per quella volta il viaggio saltò, ma ero più preoccupato per Massimo:

che trascurasse il lavoro per una semplice influenza era molto strano. Solitamente lavorava sedici ore su ventiquattro, tutta la settimana, senza mai perdere un colpo. Attesi qualche giorno e decisi di andare a trovarlo. Era prostrato e febbricitante. «Hai chiamato un medico?» gli chiesi subito.

«È solo un'influenza, non ce n'è bisogno.» Sapevo della sua irriducibile paura di medici e ospedali. Credo fosse un po' ipocondriaco, anche se non lo ammetteva. Era il suo lato nascosto: per quanto si mostrasse sempre forte, ottimista, determinato, ogni tanto, molto di rado, attraversava dei momenti di fragilità in cui si chiudeva in se stesso e non sapevi mai cosa stesse passando. Dava l'impressione di portarsi dentro un grande trauma di cui non riusciva a parlare. Quella sera non lo persuasi ad andare da un medico, ma mi rifiutai di lasciarlo solo.

«Tu adesso vieni con me a casa. Hai bisogno di qualcuno che si prenda cura di te.»

«Ti dico che non ho niente.»

«Sei dimagrito, Max. Non stai bene. Anche Eleonora è preoccupata.»

Senza aspettare una risposta, andai in camera sua e infilai qualche abito in valigia. Lui mi assecondò, sembrava non avere forze per obiettare.

Una volta a casa, io e Eleonora gli preparammo qualcosa da mangiare. Max non aveva appetito, ma fece del suo meglio per accontentarci. Nei giorni successivi la situazione non migliorò. Gli antipiretici riuscivano a fare ben poco contro la febbre, che non scendeva mai sotto i trentotto, finché una sera superò i quaranta gradi. A quel punto io ed Eleonora chiamammo la sorella di Massimo, Giusy, che abitava a Crema. Ci raggiunse subito e insieme decidemmo di portare Massimo in ospedale.

Questa volta Massimo non oppose resistenza. All'ospedale lo ricoverarono e ci congedarono in fretta. «Abbiamo bisogno di fare delle indagini per capire qual è il problema e ci vorrà del tempo. Se volete, potete tornare durante gli orari di visita.»

Il giorno successivo avevo in programma uno shooting fuori dall'Italia, ma partii rasserenato. Massimo infatti mi aveva chiamato per dirmi che i controlli procedevano, e nel frattempo lui si sentiva già molto meglio. «La cura che mi stanno dando funziona. Tu parti tranquillo che al tuo ritorno mi troverai in forma.»

L'indomani e la settimana seguente i suoi messaggi erano sempre più ottimisti. «Finalmente la febbre è scesa. Devo avere solo un po' di pazienza e poi mi dimetteranno. Tu, mi raccomando, fai bene il tuo lavoro...»

Su quale fosse la diagnosi, però, era sempre piuttosto vago. «Serve ancora qualche esame per escludere alcune patologie. Comunque niente di grave.»

Io e Eleonora cominciavamo a pensare che avesse contratto una qualche malattia infettiva, perché i medici per il momento lo avevano messo in una sorta di regime di isolamento e gli avevano vietato qualsiasi visita. Quando rientrai in Italia, però, Massimo mi chiese di andare a trovarlo, specificando che avrebbe voluto vedermi da solo. «Ho bisogno di parlarti. È una cosa riservata.»

Erano parole allarmanti, ma cercai di scacciare la brutta sensazione che si stava impadronendo di me e lo raggiunsi subito in ospedale. All'ingresso del reparto, le infermiere mi fecero indossare una mascherina, un camice e dei guanti. Mi raccomandarono di evitare contatti come baci e abbracci e di non farlo stancare troppo. Alla mia richiesta di spiegazioni si limitarono a rispondere: «Il suo amico non sta bene».

Lo trovai disteso a letto, ancora più provato di come l'avevo lasciato, attaccato a una maschera dell'ossigeno. Mi sorrise e mi fece segno di andarmi a sedere accanto a lui, sul letto.

«Piccoli'» mi apostrofò come faceva ogni tanto. «Come stai?»

«Io bene...» Non avevo il coraggio di fargli la domanda che mi assillava da quando avevo messo piede in quel reparto, ma ci pensò lui ad andare dritto al punto.

«Piccoli', non ti devi preoccupare. Adesso sei un top model, sei uno dei modelli più importanti del mondo e non hai più bisogno di me. Non mi deludere mai, ok?»

Mi allontanai di scatto. «Perché dici così? Che cos'hai, un'infezione? Qualsiasi cosa sia, si guarisce, Massimo!»

Allora mi prese la mano. «Fabio, purtroppo ho una leucemia fulminante e non mi resta molto da vivere.» Me lo disse con una calma serafica. Era evidente che sapeva delle sue condizioni da diversi giorni, tanto che aveva avuto il tempo di elaborare la notizia. «Non ne ho parlato a Eleonora, perché so quanto sia fragile. Dovrai aiutarmi tu con lei. A dire il vero, non ho ancora avuto la forza di parlarne nemmeno con i miei genitori. Mi prometti che starai vicino a mia madre, mia sorella e mio fratello?»

Quella fu l'ultima volta in cui parlai con Massimo, perché subito dopo le sue condizioni si aggravarono. Fu intubato: durante le poche visite concesse, non potevamo fare altro che guardarci.

Poche settimane dopo Massimo morì, ancora più rapidamente di quanto avessero previsto i medici. I suoi familiari, che avevano appena fatto in tempo a salutarlo, erano devastati. Cercai di sollevarli dai compiti più dolorosi e quando venne il momento di vestire Massimo in preparazione del funerale mi offrii volontario. Purtroppo non potei usare nessuno dei suoi bellissimi abiti, perché in quelle ultime settimane il corpo di Massimo si era molto trasformato a causa delle cure. Tuttavia io e sua sorella, Giusy, volevamo che fosse elegante fino all'ultimo, come amava, perciò ci procurammo un nuovo abito con il papillon. Prepararlo per il suo ultimo viaggio mi sembrò la cosa più naturale del mondo. Dopotutto, era da Massimo che avevo imparato a vestirmi con gusto. Quante volte aveva scelto per me gli abiti con cui presentarmi ai casting e quante volte nei backstage delle sfilate mi aveva sistemato la giacca o la piega dei pantaloni? Che per una volta fossi io a curare il suo aspetto era il modo migliore per dirgli addio.

Diario di viaggio

18 agosto 2023

Ore 06:15

Oggi mi sveglio con i raggi del sole che riscaldano la stanza. Dopo giorni interminabili di pioggia, nebbia e nuvole, approfitto del sole per andarmi a fare una corsa.

A dopo!

Ore 08:05

Rieccomi qua, corsa finita e doccia fatta. Eppure, oggi mi sento un po' triste. Non so il perché, è come se il mio corpo non reggesse. Forse devo riposare di più, forse non sono abituato a questa vita spartana, senza comodità.

Fra mezz'ora, comunque, mi aspetta la meditazione mattutina con maestro Sangpo, e poi nel pomeriggio mi unirò al gruppo di maestro Darwa.

Sento che dovrò impegnarmi più del solito. La parte più debole di me sta cercando di prendere il sopravvento. Sarà ancora più difficile incanalare le energie sulla via giusta. Ma maestro Sangpo mi sorride. Quando lo guardo, i suoi occhi seri e concentrati mi catturano: Oṃ Maṇi Padme Hūṃ. Oṃ Maṇi Padme Hūṃ è il mantra recitato per lo sviluppo di amore e compassione e aiuta a purificare il corpo, la mente e lo spazio intorno. Coloro che meditano lo ripetono per trovare la pace interiore.

Con la meditazione sto imparando a incanalare il pensiero in un'unica direzione, senza farmi distrarre dai rumori, dalle voci e dalle emozioni negative. Comincio a sentirmi un po' più forte e a sorridere come fa maestro Sangpo.

Ore 15:00

Con maestro Darwa parliamo di mindset, la forza della mente, una leva importante per invertire la rotta quando la mente ti trascina negli abissi.

Non ho mai avuto grandi difficoltà a trovare la mia strada, non mi sono mai fatto fermare dalle negatività. Ho sempre saputo con chiarezza chi ero, cosa volevo e quali erano i miei valori.

Sono sempre stato un tipo determinato, disposto a fare sacrifici per ottenere i risultati. Ma ho sperimentato anche io momenti di cedimento, confusione e smarrimento. So che i pensieri negativi possono distruggere quanto di buono abbiamo costruito. L'invidia, la cattiveria, le sofferenze della vita possono indebolirci e allontanarci dalla via dell'equilibrio. È difficile accettare il male, ma allo stesso tempo dovremmo chiederci: possiamo imparare qualcosa da un'esperienza negativa? C'è forse modo di compensare il male facendo del bene? Abbiamo sempre fatto del nostro meglio per diffondere il bene?

Le battaglie più grandi cominciano proprio qui, dalla testa, dalla consapevolezza, dalla capacità di riflettere e di rafforzare la mente per evitare che ci giochi brutti scherzi. Mindset!

Desidero stare in silenzio, ascoltare di più, ascoltarmi di più. Ho voglia di imparare, sono stufo di sonnecchiare in un limbo di superficialità. Penso di conoscermi solo in piccola parte. Ed è per questo che devo continuare a lavorare.

19 agosto 2023

Ore 07:20

Oggi la giornata non inizia bene, per via di una nottata tormentata. I giorni passano e il peso della solitudine comincia a farsi sentire. Una domanda fa capolino sempre più spesso nella mia mente: "Poteva esserci qualcuno qui con me a condividere questa esperienza così importante?".

Forse sì o forse meglio di no. La verità è che, a trentasei anni appena compiuti, in questa mattina in cui un semplice abbraccio basterebbe a calmarmi, non so se è una relazione ciò di cui ho bisogno. Spesso mi sono illuso di aver trovato la persona con cui condividere tutto, ma poi qualcosa non ha funzionato.

Una cosa positiva, però, c'è: in queste due settimane non ho mai avvertito il peso della rabbia. Era da parecchio tempo che non accadeva. Qualcosa in me sta cambiando?

Il lavoro che sto facendo su me stesso consiste proprio in questo: incanalare le energie in qualcosa che sia davvero utile. E ora mi rendo conto che in passato ho spesso indirizzato le mie energie su cose sbagliate.

Qui, lontano dalle distrazioni, dai social, dal lavoro, capisco veramente chi è presente anche nell'assenza, e chi invece non lo è.

A volte vorrei solo chiudere gli occhi e non pensare più a nulla, ma non ci sono ancora riuscito.

Ricomporre il passato

Viviamo ogni giorno con la speranza
di trovare soluzioni semplici, ignorando che la felicità
deriva dalle domande, dalla ricerca e da tutto
ciò che ci stimola a capire chi siamo realmente.

La morte di Massimo segnò la fine di tutto. Per quanto io ed Eleonora l'avessimo sottovalutato, era stata la sua presenza a tenerci uniti. Senza di lui, vennero a galla i nostri problemi. Il principale erano i miei viaggi. «Non ci sei mai» mi diceva Eleonora. «E quando ci sei, stai già pensando alla prossima partenza. La tua testa è sempre altrove. È come se fossi divorato da qualcosa, una strana smania, non so nemmeno io cosa sia... Massimo mi diceva di avere pazienza con te, ma mi manca la forza per essere paziente.»

Aveva perfettamente ragione, ma all'epoca non ero abbastanza lucido per cogliere le mie manchevolezze. Nei due anni trascorsi insieme non avevo fatto altro che prometterle che presto avrei rallentato, che non c'era nessuna smania, che ero solo molto dedito al mio lavoro, continuando imperterrito per la mia strada.

Poi c'era Milano, con cui Eleonora aveva sempre avuto un rapporto di amore e odio. «Non mi piace la gente di questa città. E adesso che Massimo non c'è più perché dovrei rimanerci?»

E così, un giorno, mi annunciò che sarebbe tornata da sua madre in Germania. «Forse possiamo riavvicinarci, io e lei» mi disse. «Dovresti farlo anche tu, Fabio. Non puoi fare finta che i tuoi genitori non esistano.» Ero così devastato dagli ultimi accadimenti, che non ebbi la forza di reagire.

Dunque ero di nuovo solo, senza un nido. Avrei potuto buttarmi a capofitto nel lavoro, ma l'idea di continuare senza Massimo mi gettava nel panico. Non mi fidavo di nessuno, solo di lui. Avrei dovuto trovare un nuovo agente, investire in una nuova relazione, e poi che cosa sarebbe successo? Mi avrebbe tradito come avevano fatto i miei genitori? Si sarebbe stancato di me come era accaduto a Eleonora? O forse sarebbe intervenuto qualche evento esterno? Di certo non avrebbe funzionato, o almeno io non riuscivo a immaginare un esito positivo.

Così cancellai tutti i miei impegni, comprese le sfilate di giugno. Non rispondevo né alle chiamate né alle e-mail degli agenti. Me ne stavo tutto il giorno chiuso in casa. Non mi andava di chiedere aiuto a nessuno, nemmeno a mio fratello. Come potevo rovinargli un momento simile dopo tanti anni difficili? E poiché non potevo più distrarmi con il lavoro, mi trovai un'altra forma di dipendenza. Era qualcosa che avevo già sperimentato, a dire il vero, e che avevo semplicemente accantonato durante la mia relazione con Eleonora. Risaliva ai tempi della vita da pendolare. Prima di allora non avevo grande esperienza con le ragazze ed ero stato tutt'altro che precoce nel sesso: la prima volta era accaduto a diciassette anni con la ragazza di cui ero innamorato perso. Ero così preso dalla mia storia d'amore che me ne andavo in giro con i paraocchi: non sapevo cosa fosse la seduzione, non avevo mai nemmeno flirtato in modo innocente. Quando ero arrivato a Milano, però, tutto era cambiato: sui treni che mi portavano al lavoro notavo gli sguardi insistenti di certe ragazze; nella boutique di via Montenapoleone alcune clienti mi rivolgevano sorrisi maliziosi; nel caffè di corso Sempione ero oggetto di vere e proprie avances. Forse ero la persona sbagliata nel posto sbagliato – uno sprovveduto ragazzo di provincia catapultato nella Milano da bere –, ma mi sembrava che tutto ruotasse attorno al sesso e avevo qualche difficoltà a gestire quell'abbondanza inattesa. Da una parte ero incredulo ed entusiasta, dall'altra mi muovevo come il classico elefante nella cristalleria: fraintendevo i messaggi e mi ritrovavo in situazioni imbarazzanti. La più eclatante mi era capitata con una bellissima donna sui quarant'anni, cliente del caffè di corso Sempione. Mentre le servivo lo champagne, mi aveva sussurrato una proposta all'orecchio – mi andava di raggiungerla dopo la chiusura del locale? Io avevo sorriso e al giro di champagne successivo mi ero ritrovato un indirizzo e un nome nel taschino. Poi, nella camera di un lussuoso hotel a cinque stelle, il più fastoso della città, avevo trascorso una delle notti più sensazionali della mia vita. Con enorme sorpresa, stavo scoprendo che il sesso con le donne più grandi mi piaceva, era ancora più eccitante. Sarà che in casa e in famiglia avevo conosciuto solo modelli di donne docili e remissive, ma le donne assertive, sicure di sé e intraprendenti come le manager in carriera che frequentavano il caffè esercitavano su di me un fascino irresistibile.

Sfinito dalla nottata tumultuosa, ero precipitato in un sonno profondo, di quelli senza sogni, e ne ero riemerso soltanto in tarda mattinata. Allora, nella parte di letto vuota accanto a me, avevo trovato una rosa e una busta bianca. Dentro la busta c'era un biglietto: «Fabio, grazie di tutto, è stato bellissimo. Sei stupendo. Ti chiamo presto. M.». Infilate nella piega del foglio, c'erano delle banconote: duemila euro.

Ricordo che mi alzai per controllare che M. se ne fosse andata davvero. Poi mi guardai allo specchio. «Ma cosa sei diventato? Un giocattolo, un gigolò...» mi dissi, e d'impulso strappai le banconote.

Mi rivestii in fretta. Prima di uscire presi il biglietto di M. e scrissi a mia volta un messaggio sul retro. *Non ero qui per i soldi. Non farti sentire mai più.* Poco dopo consegnai la busta alla reception dell'hotel, con i pezzi di banconote strappate all'interno.

Quell'episodio mi lasciò addosso una frustrazione urticante. Certo, era stato divertente prestarsi al gioco delle milf, lasciare che fossero loro a condurre la partita, ma il ruolo di uomo oggetto, di giocattolo che potevano usare a loro piacimento, cominciava a infastidirmi. Non volevo sentirmi usato, volevo anche io esercitare il diritto di scegliere. Così, da preda decisi di trasformarmi in predatore. Se durante il giorno ero il giovane pendolare trafelato preoccupato di sbarcare il lunario, la sera, nel caffè di corso Sempione, mi trasformavo. Esercitavo le tecniche di seduzione che avevo imparato dalle mie amanti mature. Sceglievo le donne più belle, oppure a volte le ignoravo solo per il gusto di indispettirle. Mi ponevo delle sfide, volevo una donna diversa ogni giorno, ma a volte nemmeno una era sufficiente.

Ero drogato da un senso di onnipotenza. Mi accorsi che il mio aspetto fisico era una specie di lasciapassare, che mi consentiva cose che ad altri non sarebbero state perdonate, come per esempio abbordare con nonchalance una ragazza in metropolitana. Se avessi avuto un altro aspetto, probabilmente certi tentativi di approccio spudorati sarebbero stati liquidati con un'occhiataccia o perfino a male parole, e invece andavano quasi sempre a buon fine.

La storia con Eleonora, che aveva fatto breccia nel mio cuore proprio perché a differenza di tante altre donne non si era gettata tra le mie braccia, aveva placato per un paio d'anni questa ossessione per il sesso e le conquiste, ma ora che per l'ennesima volta mi ero ritrovato solo ci ripiombai in pieno. Nelle giornate trascorse in casa scorrevo febbrilmente le app di incontri, valutavo foto e profili, e ogni sera fissavo un appuntamento diverso. Non avevo mai amato le discoteche, eppure adesso le frequentavo, perché erano luoghi perfetti per la mia caccia. Avevo sempre bisogno di stimoli nuovi, di situazioni estreme. Dopo il sesso, quando ce n'era l'occasione, mi piaceva indagare nella vita delle donne con cui ero stato, aprirmi uno spiraglio per sbirciare nelle loro esistenze.

Scoprii che non era quasi mai il sesso fine a se stesso a spingerle tra le mie braccia. Molte cercavano un'avventura per sfuggire a qualcosa, un meccanismo in cui avrei dovuto rispecchiarmi. «Perché hai bisogno di evadere?» chiedevo allora io, soprattutto alle mie amanti sposate e con una famiglia. Cosa spingeva una donna a tradire il marito, il padre dei propri figli? Ecco una delle domande che più mi ossessionava.

«Da quando abbiamo avuto nostro figlio, mio marito non mi cerca più» mi confidavano alcune.

«Mi sono sposata quando ero ancora troppo giovane per capire che mio marito non era l'uomo giusto per me.»

«Non mi manca niente. Forse è questo il problema. La mia vita trascorre monotona, è già tutto prestabilito.»

Quei racconti non mi saziavano mai. Se prima collezionavo donne, ora più di tutto desideravo collezionare le loro storie. Talvolta, neanche troppo raramente, le confidenze prendevano derive più cupe, aprendo squarci di solitudine e sopraffazione.

«A mio marito non importa nulla di me. Per lui sono una serva. Non ha mai un gesto di affetto nei miei confronti.»

«Quando ero piccola mio padre ci picchiava. La sua presenza mi terrorizzava. Me ne sono andata appena ho potuto e poi, poi cosa ho fatto? Mi sono trovata un marito burbero, insensibile, che forse non alza le mani, ma sa picchiare in altri modi. Mi sento prigioniera.»

Una volta, in un locale, conobbi un'altra quarantenne, una ex modella dal corpo mozzafiato. Finimmo a letto e dopo il sesso, senza nessun segno premonitore, F. scoppiò a piangere. Mi raccontò che aveva sofferto per anni di anoressia e di bulimia e che quella era la prima volta che riusciva a fare sesso dopo molto tempo. Suo marito non riusciva a capire la natura dei suoi disturbi, li considerava capricci. «Avrei avuto bisogno di una terapia psichiatrica, ma non facevano che ripetermi tutti che era solo una questione di volontà, che stava a me tirarmi fuori da quella situazione. Io, sopraffatta dai sensi di colpa, stavo sempre peggio.»

Naturalmente quei racconti accendevano delle spie nella mia testa. Certi dettagli erano i pezzi mancanti di un puzzle che tentavo di ricomporre da tempo in modo più o meno consapevole. I miei genitori erano un mistero, ora più che mai me ne rendevo conto. Non si erano mai raccontati fino in fondo, avevano fatto il possibile per mantenere una facciata di imperscrutabilità ai nostri occhi. Né io né Marco, per esempio, li avevamo mai visti litigare. Possibile che non ci fossero mai discussioni? Eppure i silenzi c'erano, eccome, e talvolta si trascinavano per giorni, se non per settimane. Ci avevano raccontato del loro primo incontro a Castellaneta durante le vacanze. Era stato un colpo di fulmine, tanto che pochi mesi dopo erano partiti insieme per la Germania, pronti a cominciare una nuova vita. Suonava tutto molto romantico alle orecchie di un bambino, ma ora mi domandavo se non avessero anche loro affrettato i tempi, se fossero davvero una coppia fatta per stare insieme.

Quando mia madre se n'era andata, avevo creduto alla versione di mio padre: «Tua madre ha perso la testa! Anni di matrimonio e una famiglia e lei se ne va con il primo che le fa due complimenti! Con tutti i sacrifici che ho fatto per voi. Mi spacco la schiena da vent'anni per mandare avanti la famiglia!».

Forse, però, la separazione non era stata un colpo di testa di mia madre. Forse dietro c'erano anni di incomprensioni, solitudine e magari soprusi. Io stesso avevo sofferto l'inflessibile severità di mio padre durante l'infanzia, la sua scorza dura che non lasciava mai trasparire un gesto di tenerezza. Quando mia madre aveva avuto quelle strane crisi, i dimagrimenti improvvisi, l'apatia, l'autoreclusione, lui aveva saputo starle vicino oppure aveva aggravato i suoi problemi caricandola di sensi di colpa? Nemmeno mia madre era mai stata curata da uno specialista, eppure forse ne avrebbe avuto bisogno. Perché mio padre non faceva niente per aiutarla se non aspettare passivamente che le crisi passassero?

Mentre mi arrovellavo tra mille dubbi, dal passato spuntavano ricordi offuscati, che ora improvvisamente acquisivano un nuovo senso. Quando avevo circa sedici anni, mio nonno materno, quel misterioso nonno indiano che nessuno nominava mai, era venuto a vivere con noi. Fino ad allora non l'avevamo mai frequentato. Aveva divorziato da mia nonna e si era allontanato da tutta la famiglia. Ma poi era stato colpito da un grave ictus che l'aveva lasciato quasi del tutto infermo, e dopo la lunga degenza in ospedale non poteva più vivere da solo. In quel periodo mia madre era molto preoccupata, come non l'avevo mai vista. Ricordo i lunghi conciliaboli tra lei e mio padre prima dell'arrivo del nonno a casa. Passavano ore in cucina a bisbigliare e talvolta mi riusciva di carpire qualche stralcio di quei discorsi.

«Dobbiamo per forza tenerlo qui da noi?» diceva mia madre. «Non possiamo mandarlo in una struttura, almeno per il momento?»

«E chi se la può permettere!» ribatteva mio padre.

«Ma presto gli verrà riconosciuta l'invalidità…»

«Non possiamo anticipare i soldi, lo sai…»

Pensavo che mia madre temesse di non riuscire a gestire, oltre alla famiglia, anche un padre allettato. Era così che avevo interpretato le sue preoccupazioni. Un'altra volta, origliando, avevo colto uno scambio più teso.

«Non puoi chiedermi di accettarlo in casa mia, con quello che ho subito» diceva mia madre in tono implorante.

«Non è colpa mia se tuo padre non ha nessun altro e se per lo Stato dobbiamo accollarci noi il compito di curarlo. Quando avrà l'assegno di invalidità, ti prometto che gli troveremo una sistemazione.»

Allora non avevo riflettuto su quelle frasi. Nel mondo in cui ero cresciuto, i padri erano figure distanti e tiranniche. Lo erano mio padre, suo padre e i miei numerosi zii, e mi sembrava scontato che lo fosse stato anche il nonno. Forse era per questo che mia madre non aveva mai avuto un buon rapporto con lui e ora si disperava all'idea di doverlo accogliere in casa.

Alla fine, comunque, aveva avuto la meglio mio padre. Mio nonno era rimasto da noi per circa un anno e poi, dopo che gli era stata assegnata una pensione di invalidità, si era trasferito in una struttura di assistenza. Nel periodo della sua permanenza, mia madre si era occupata di lui quotidianamente, senza mai lamentarsi. L'angoscia iniziale si era lentamente dissolta, lasciando il posto a una sorta di rassegnazione. Poi, con la partenza del nonno, tutto era tornato alla normalità, anche il rapporto tra i miei, almeno in apparenza.

Adesso, però, mentre trascorrevo le giornate segregato in una stanza senza nemmeno aprire le imposte, proprio come faceva mia madre nei suoi momenti bui, non potevo fare a meno di domandarmi: che cosa aveva subito mia madre in passato? Quanti altri pezzi del puzzle avevo perso per strada?

Diario di viaggio

20 agosto 2023

Ore 03:30

Mi sono svegliato nel bel mezzo della notte. Non mi sento bene, un senso di nausea mi attanaglia lo stomaco. È come se i miei organi interni volessero parlarmi e dirmi che è giunta l'ora di tirare fuori tutta la negatività che ho accumulato.

Mentre aspetto che il momento arrivi, prendo la penna e il mio diario. Nonostante il cuore impazzito e lo stomaco sottosopra, provo a registrare le mie emozioni.

Parlo con le emozioni, con lo stomaco, con le energie negative che non voglio più tenere dentro di me. Prima di svuotarmi definitivamente, voglio godermi ogni piccola sensazione di dolore che sta per arrivare.

Comincio a piangere, senza un motivo, forse è anche questo un modo per liberarmi e ricominciare.

Sto male, è come se un blocco mi occludesse lo stomaco. Vorrei tanto che qualcuno mi tenesse la mano in questo momento, vorrei tanto non essere solo…

Ma, ecco, il momento è arrivato.

Ore 04:00

Rieccomi. Per poco non ci ho lasciato anche lo stomaco in quel bagno. Ho versato tante lacrime. Mi sento molto debole, ma leggero, leggerissimo, come non mi capitava da un po'.

In bocca domina un sapore amaro e, nonostante la doccia calda che ho appena fatto, il cuore mi batte ancora all'impazzata. Allora riprendo a scrivere, perché scrivere mi rilassa. Il freddo e l'umidità delle montagne dell'Himalaya mi cullano in questa notte solitaria.

Non so cosa mi sia accaduto poco fa, ma qui sto imparando che la mente e il corpo sono sempre in connessione, e che c'è una ragione per tutto. Ora è tempo di chiudere gli occhi e avvolgermi nelle lenzuola, illudendomi che siano le braccia di qualcuno che mi aspetta.

21 agosto 2023

Ore 06:20

La pioggia batte di nuovo sulla finestra della mia camera, mi alzo con un leggero mal di testa. Apro la tenda e trovo un'intera famiglia di scimmie appollaiata sulla balaustra del mio balcone: una mamma con in braccio i suoi due piccoli e un padre fiero, che mi scruta minaccioso, pronto a intervenire per difenderli. Mi accorgo di quanto la vita sia bella, soprattutto in queste piccole grandi cose.

Ho ancora mal di stomaco, ma è talmente commovente la scena che ho davanti, che me ne dimentico. Metto in pratica quello che mi ha insegnato maestro Sangpo in questi giorni: trasformare il dolore concentrandosi sulle cose belle. E capisco che funziona, perché il dolore rimane, ma se incanalato nella giusta direzione può diventare una cura. Incomincio a intravedere la luce, maestro, quella di cui mi hai sempre parlato.

Ho gli occhi gonfi, il mal di testa sta aumentando. Provo a dormire ancora un po', e questa volta scivolo nel sonno con un sorriso.

Ore 07:40

Mi sveglio di nuovo con una gran nausea e corro subito in bagno. Vomito ancora. Sono due giorni ormai che mangio poco e dormo male. Credevo fosse un sintomo del mio stato d'animo e delle mie emozioni, invece il problema sembra più serio.

Decido di parlarne con maestro Sangpo, che mi spiega che di recente due monaci hanno contratto un'infezione provocata da cibo avariato. Dunque i miei sintomi non sono da sottovalutare. Decido allora di farmi visitare da un medico, che mi prescrive subito degli esami del sangue e due belle flebo da fare in ospedale.

Bene! Proverò l'ospedale del posto.

A dopo!

Ore 16:45

Poteva andare peggio… Per trovare una vena mi hanno bucato quattro volte le braccia e un paio di volte la mano, ma alla fine sono riusciti a farmi la flebo, come previsto.

I medici e gli infermieri sono stati molto gentili. Qualcuno mi ha anche chiesto un selfie (non credo mi conoscessero, ma l'altezza media qui è un metro e settanta centimetri e quelli alti come me destano sempre un certo stupore).

Devo dire che avevo qualche pregiudizio prima di venire in ospedale, ma mi hanno curato benissimo. Forse è la paura che ci fa avere preconcetti? Probabilmente sì, e l'ho capito solo in questo viaggio solitario, a migliaia di chilometri di distanza da casa. Ho avuto paura più di una volta, ma per mia fortuna ho incontrato sulla mia strada maestro Sangpo, che oltre a essere un'incredibile guida spirituale mi fa da fratello maggiore e padre. Gliene sarò per sempre grato.

Nessuno impara ad amare da solo

L'eleganza nella comunicazione non risiede tanto nell'uso di parole sontuose quanto nella capacità di esprimere pensieri complessi con semplicità e chiarezza. L'eleganza è l'attrazione che crea un ponte tra le menti.

Il richiamo del passato era un buco nero. Per tenere a bada l'inquietudine ogni tanto partivo. Tornavo da quella famiglia numerosa, frammentata per certi versi e monolitica per altri, che da quando facevo il modello mi aveva respinto quasi in blocco, ma che ancora sapeva esercitare un potere su di me. Tornavo ad Acerno, un paesino di qualche migliaio di abitanti disperso tra i monti del Salernitano, dove per strada si respirava l'odore di legna bruciata e si incontravano i contadini di ritorno dalla montagna. I miei parenti vivevano della raccolta delle castagne e dei tartufi. C'era zia Alfonsina, la moglie di uno dei fratelli di mio padre, l'unica che era sempre stata dalla mia parte. «Ricordati che tu sei come un figlio» aveva cominciato a dirmi dopo che i miei genitori si erano separati. «Qui per te ci sarà sempre posto.» E benché avesse tre figli e un marito che non stava bene, in tutti quegli anni non si era mai dimenticata di telefonarmi o mandarmi un messaggio almeno una volta al giorno, per assicurarsi che io e Marco ce la cavassimo o per farmi i complimenti per l'ultima pubblicità di Armani. E quando mi presentavo sulla porta di casa sua, anche senza preavviso, non c'era volta che non mi prendesse le guance tra le mani, esclamando: «Tesoro mio!». Mi faceva sedere in cucina, apparecchiava la tavola e si metteva ai fornelli. «Fabio, vabbe' che sei un modello, ma per me sei troppo magro, figlio mio. Adesso ci penso io a farti mangiare.» Preparava porzioni spropositate di gnocchetti fatti in casa con il ragù e ascoltava a bocca aperta tutti i miei racconti sulle sfilate e le feste, di cui naturalmente edulcoravo i dettagli più scabrosi. «In che mondo sei andato a finire» borbottava mescolando il sugo. «Speriamo che il Signore ti aiuti a non cadere in tentazione.» Il suo carattere pudico, che la portava a scandalizzarsi facilmente – ma mai a giudicare –, mi strappava sempre un sorriso.

Poi c'era l'altro ramo della famiglia paterna, quello di Castellaneta, dove viveva mio nonno, il capostipite. Se mio padre era di poche parole come la nonna, il nonno aveva un carattere gioviale e allegro. Era uno di quelli con la battuta sempre pronta, il che non escludeva una certa ruvidità. Era convinto che i panni sporchi si dovessero lavare in casa, non era molto bravo a manifestare il suo affetto e all'occorrenza sapeva essere molto severo: poteva zittire un'intera tavolata con un semplice sguardo. Eppure, per me aveva sempre avuto un riguardo particolare, sin da quando ero bambino e mi chiedeva di accompagnarlo a prendere le sigarette. C'era un tacito accordo tra noi: con il resto avanzato dalle sigarette io andavo a comprare le caramelle, che poi mangiavamo insieme sui gradini di casa, nel caldo torrido che avvolgeva la gravina. In cambio, io non dicevo niente a nessuno, perché nessuno doveva sapere della sua unica debolezza: la gola. Mi sentivo davvero speciale a condividere quel segreto con il nonno.

Sulla separazione dei miei genitori e l'abbandono di mio padre non aveva mai voluto esprimersi, nemmeno con lo sguardo. Solo una volta, in via del tutto eccezionale, aveva sentenziato: «Devi perdonarlo».

Non avevo osato ribattere, mi ero limitato a non sfiorare mai più l'argomento. E anche adesso, dopo gli anni in cui la moda mi aveva tenuto lontano da Castellaneta, non era cambiato nulla tra noi. Ci sedevamo a tavola a giocare a carte con lo zio Antonio, l'unico scapolo della famiglia, il libertino che, oltre a non aver mai trovato una moglie, non aveva mai avuto un impiego a lungo termine. Ma si arrabattava tra tanti lavoretti che gli permettevano di arrivare a fine mese. Amava la musica anni Ottanta e mi aveva fatto imparare a memoria le canzoni dei Depeche Mode e di Den Harrow. Anche se era una persona allegra e spensierata, nascondeva un lato sensibile e malinconico: aveva sofferto molto per la morte della nonna e anche per questo era rimasto accanto al nonno. È sempre stato uno dei miei zii preferiti e ancora oggi le nostre partite a carte sono costellate di battute, risate e «cantatine».

Di tanto in tanto il nonno mi assestava una vigorosa pacca sulla spalla. Era il suo modo di manifestarmi la gioia di riavermi a casa. Io sentivo che mi amava moltissimo, come del resto io amavo lui. Mentre osservavo i suoi lineamenti ruvidi, pensavo a mio padre e mi chiedevo se anche lui si fosse sentito amato. Ne dubitavo. Nemmeno lui aveva mai ricevuto una carezza o uno sguardo indulgente, né aveva mai assistito a un gesto di affetto tra i suoi genitori. Mi rendevo conto che eravamo immersi in uno stesso flusso, io, mio padre, mio nonno e il mio bisnonno, una corrente che scorreva inesorabile dalla notte dei tempi. Ed era impossibile, se non tiravi la testa fuori dall'acqua, immaginare di sottrarti a quel flusso, nuotare verso la riva e metterti in salvo. Nessuno impara ad amare da solo.

Le giornate trascorse fra le mura della casa di Castellaneta non facevano che aumentare il senso di impotenza che mi affliggeva dalla morte di Massimo. Ma se certe fratture, irrimediabilmente, non erano più sanabili, non volevo perdere ciò che restava dei miei affetti. Era un filo sottile quello che mi legava alla mia famiglia, un filo che al momento era il mio unico appiglio.

Un giorno, di ritorno da una delle mie puntate a Castellaneta, ricevetti una telefonata. Se fosse stato un agente o l'ufficio marketing di uno dei tanti brand che ancora mi cercavano, avrei lasciato che il telefono squillasse all'infinito. Ma sullo schermo era comparso il numero del responsabile del casting di Armani, che non mi aveva mai chiamato direttamente, perciò d'istinto risposi.

«Fabio, come stai?» mi chiese. Naturalmente sapeva ciò che era successo a Massimo e sapeva anche quanto noi due fossimo legati. Gli raccontai del mio periodo nero, della pausa che mi ero preso, incapace di reagire al mio malessere, senza valutarne le possibili implicazioni e senza nemmeno avere un piano b. Gli dissi anche che dopo la morte di Massimo non avevo rinnovato il contratto con la Beatrice Models.

«Sì, sono al corrente di ciò che stai passando, tuttavia...» mi disse esitante «ci piacerebbe averti ancora sulle nostre passerelle, solo per una volta. A breve ci sarà la Fashion Week della moda femminile. Abbiamo bisogno di un paio di modelli uomini e abbiamo pensato a te.»

Lo ringraziai e, senza pensarci, gli assicurai che potevano contare su di me. Lo feci perché ad Armani, per tutto ciò che rappresentava, non avrei saputo dire di no. Mi avevano dato la prima possibilità quando ancora non avevo nessuna esperienza e, anche ora, dopo le innumerevoli collaborazioni degli ultimi anni e i professionisti che avevo conosciuto, lo sguardo di Giorgio Armani restava per me il più limpido nel mondo della moda.

Col senno di poi, però, credo che non aspettassi altro che un gesto. Mi ero fatto risucchiare in un pericoloso loop di autocommiserazione e avevo bisogno di una scossa. L'evento alla Fashion Week funzionò alla perfezione: mi distolse dai miei pensieri ossessivi e mi restituì un po' di energie. Dopo la sfilata, scrissi una lettera a Giorgio Armani per raccontargli che cosa avevo passato negli ultimi tempi. Gli parlai del senso di solitudine, della diffidenza quasi patologica che avevo sviluppato, della paura di essere tradito. Lui, come sempre, non rispose, almeno non a parole. Ma qualche giorno dopo ricevetti un'altra telefonata da uno dei suoi assistenti.

«Ciao Fabio, so che non è un periodo facile e che per ora non te la senti di riprendere a tempo pieno. Tuttavia, ci siamo permessi di parlare di te a Max Festari, un agente del D'Management Group. Lui sarebbe felice di conoscerti, ma non vuole metterti fretta. Max è un ottimo agente, saprebbe prendersi cura di te. Quando ti sentirai pronto, ricordati di lui.»

Risposi che non sapevo se fossi pronto, ma che avrei fatto volentieri una chiacchierata con questa persona. E così, qualche giorno dopo, ricevetti un'altra telefonata. «Sono Massimo Festari, anche se tutti mi chiamano Max» esordì quello che sarebbe stato il mio futuro agente. E naturalmente non potei non leggere in quella coincidenza un segno del destino: dopo aver perso Massimo, arrivava un altro Massimo nella mia vita, per di più grazie all'intercessione di Giorgio Armani. Mi invitò nella sua agenzia per una chiacchierata informale. Nel frattempo, raccolsi qualche informazione sul D'Management Group. Negli ultimi anni si era affermata come la più importante agenzia di moda italiana. Rappresentava le top model e le attrici più famose: Naomi Campbell, Claudia Schiffer, Linda Evangelista, Monica Bellucci. Max aveva un curriculum strepitoso, ma a convincermi ad accettare il suo invito furono soprattutto i suoi modi pacati e per nulla incalzanti, molto diversi da quelli di altri agenti italiani che, dopo aver saputo del mio allontanamento dalla Beatrice Models, mi tempestavano quotidianamente di telefonate e messaggi promettendomi contratti stellari.

Non fu difficile trovare la sede del D'Management, perché era proprio a pochi passi dalla maison Armani. Oltre a Max, ad accogliermi trovai Marta e Simon, anche loro agenti. In una piccola sala riunioni, tappezzata di ritratti di attori e top model famosissimi, mi fecero un discorso schietto e conciso: non avevano ansia di acquisire nuovi modelli, anzi tendevano a prediligere le collaborazioni con le modelle, perciò erano disposti a rispettare i miei tempi. Mi colpì anche la loro filosofia di lavoro: non era importante rincorrere contratti, inanellare una collaborazione dopo l'altra; molto meglio lavorare con brand selezionati, senza creare sovrapposizioni, e valorizzare la mia immagine con campagne importanti. A questo proposito, erano convinti che il mio sodalizio con Armani dovesse essere protetto e coltivato.

Durante l'incontro, a un certo punto ci raggiunse David, il capo dell'agenzia. Non so perché, ma proprio allora non riuscii a trattenermi dal fare una delle mie domande naïf: «Ma se già collaborate con così tanti nomi di fama, perché volete anche me?».

Simon, Marta e David si scambiarono un sorriso e fu quest'ultimo a rispondere: «Perché crediamo che tu abbia un grande potenziale e possa fare grandi cose. Ecco perché. E poi ci hanno detto anche che sei una persona umile, seria e molto rigorosa sul lavoro, tutte caratteristiche che ci piacciono parecchio».

Sono sempre stato molto istintivo nelle mie decisioni, e quelle persone mi ispiravano fiducia. Sentivo che insieme avremmo potuto lavorare bene, ma in quel momento non ero sicuro di poter rispettare un contratto. Era stato rinfrancante tornare sulle passerelle, questo era vero, ma chi poteva garantirmi che una volta ripreso il ritmo avrei retto psicologicamente?

Lo spiegai senza giri di parole. «Non è per darmi delle arie o alzare la posta...» dissi, «ma ho appena ricevuto l'ennesima batosta dalla vita. Non so se tornare al lavoro sia la cosa più sana per me...»

Poi mi lasciai andare. Forse perché non parlavo con nessuno da mesi, forse perché dopo tanto tempo avevo davanti a me interlocutori pronti ad ascoltare, fatto sta che tirai fuori tutto. Fu una specie di monologo, per lo più drammatico, ma non privo di momenti comici. Raccontai la mia storia dall'inizio, l'infanzia tra la Germania e l'Italia, l'adolescenza tra la campagna e la città, la famiglia smembrata, i sacrifici, la mia goffaggine e la mia cronica incapacità di stare al mondo, il successo inaspettato e poi, ovviamente, la morte di Massimo. Intorno a me c'erano sguardi partecipi e, quando conclusi, mi accorsi che David aveva gli occhi lucidi. «Prenditi tutto il tempo che ti serve» mi disse. «Quando te la sentirai, noi saremo qui.»

Nei giorni seguenti, cercai di pensare ad altro, ma dopo mesi di silenzio sentivo di nuovo quella smania ingovernabile. Avevo voglia di tornare sotto i riflettori, di rivedere i miei addominali sbattuti sui manifesti delle città, di stordirmi di viaggi e lavoro. Non c'era più nemmeno la paura della solitudine e del tradimento a frenarmi, perché sentivo di avere trovato le persone giuste. Lo dimostrava il fatto che, pur essendo passate due settimane dal nostro incontro, Max non si era permesso nemmeno di mandarmi un messaggio per sondare il mio interesse.

A quel punto cedetti. Chiamai Max e gli dissi che ero pronto. Il giorno successivo mi convocarono per firmare il contratto. Salii in sella alla mia Graziella e arrivai in agenzia fischiettando, leggero come non mi sentivo da tempo. Ritrovai Max, Marta, Simon e David. Dopo la firma ci furono baci, abbracci, un brindisi. A un certo punto, David mi prese da parte: «Ricordati che adesso qui hai una famiglia» mi disse. «Ci prenderemo noi cura di te.» Erano proprio le parole che volevo sentire. Avevo di nuovo un nido, oltre che una carriera sulla rampa di lancio. Ero di nuovo in pista.

Diario di viaggio

22 agosto 2023

Oggi qui la nebbia è così fitta che sembra di stare in un film horror. Questo non mi ha impedito di fare la mia solita ora e mezzo di meditazione e discussione con maestro Sangpo. Abbiamo affrontato un altro tema intricato: l'amore e le relazioni di coppia.

L'amore dovrebbe essere un sentimento positivo, che ci aiuta a migliorare come persone. Eppure spesso ci attira in un vortice di infelicità e autodistruzione.

Ho sempre avuto paura di riflettere su certi argomenti. Ripenso ai miei genitori, al loro amore, che è durato circa venticinque anni. Hanno creato una famiglia e a modo loro hanno cercato di darci tutto. Il loro matrimonio aveva tanti difetti, era venato di silenzi e incomprensioni, ma ciononostante sono cresciuto credendo nell'amore.

Poi, quando si sono lasciati, tutto è crollato.

Allora e negli anni a seguire, ho giudicato le loro scelte senza mai mettermi davvero nei loro panni. Che cosa ho fatto per capire le loro difficoltà, il loro punto di vista? Mi ha mai sfiorato la mente il pensiero che sia stato doloroso prendere certe decisioni?

Per la prima volta sto provando a capire e perdonare. Provo a guardare i miei genitori con occhi nuovi, occhi che non giudicano. Mi chiedo perché, in tutti questi anni, mi sono portato dentro la rabbia. Perché è così difficile lasciare andare via il rancore? Perché restiamo legati a ciò che ci annienta e distrugge?

Ora lo capisco, grazie a maestro Sangpo: anche questa è una forma di dipendenza affettiva. Dipendiamo da ricordi, da pezzi del passato che non esistono più nella realtà.

È ora di lasciare andare, creando spazio per l'amore vero. Questa sera una rondine è apparsa nella nebbia e si è posata sul davanzale della mia finestra. L'ho interpretato come un segno, e con un sorriso ho lasciato andare via tutto per sempre. Voglio ricostruire un nuovo me stesso, partendo dalla consapevolezza degli errori che ho commesso.

24 agosto 2023

Ore 06:45

Dopo qualche giorno così così, il mio stomaco sta decisamente meglio. Merito della cura di probiotici e dell'infuso di zenzero, limone, miele ed erbe che mi preparano sempre i monaci.

Anche oggi maestro Sangpo mi aspetta per la nostra ora di meditazione. Poi, nel pomeriggio, andrò a trovare maestra Maria Luisa.

Ore 09:30

Abbiamo appena finito la nostra ora di discussione quotidiana, che oggi era incentrata sulle aspettative.

Quante ne abbiamo avute e quante di nuove ce ne creiamo ogni giorno? Per me le aspettative sono state fonte di frustrazione. Ho sbagliato a riporre troppe aspettative nelle persone cui volevo bene?

Probabilmente sì, o forse no. Non l'ho ancora capito. Ho sempre cercato di comportarmi bene, di non dare preoccupazioni alla mia famiglia, di essere serio e professionale sul lavoro, di essere un buon amico, di aiutare chi ne aveva bisogno. L'ho fatto senza chiedere niente in cambio, ma poi, lo ammetto, quando non ho ricevuto ciò che mi aspettavo ho provato rabbia.

Maestro Sangpo mi ha spiegato che oltre al QI, il quoziente intellettivo, esiste il QE, il quoziente emotivo, un valore ancora più importante. Non tutti sono in grado di riconoscere e comprendere le proprie emozioni e quelle altrui. Non tutti sanno gestire le emozioni in modo efficace.

Perciò, invece di domandarmi perché alcune persone mi hanno abbandonato, forse dovrei domandarmi che cosa le ha portate ad agire così. E invece di ostinarmi a giudicare quelle azioni, dovrei cominciare ad accettarle, soffrendo sì, ma andando avanti, passando oltre. È il bello della filosofia buddhista, quello di offrire una chiave di lettura diversa.

Se tutto quello che hai fatto lo hai fatto col cuore, se tutto quello che hai provato a realizzare non è stato capito, vuol dire semplicemente che non era il momento oppure che non era la persona giusta.

Maestro Sangpo e io sorridiamo insieme. Ormai mi conosce meglio di tutti gli amici che ho perso per strada.

Il bene e il male

Il nostro peggior nemico è l'ego.
Silenzioso, sottile ci cresce dentro, ci avvolge,
indistruttibile, ci fa sentire inarrivabili.

La D'Management mantenne le sue promesse e la mia carriera, già brillante, esplose. Piovevano richieste. Feci bellissime campagne con i brand più noti: L'Oréal, Pignatelli, Pierre Cardin, Borsalino, Carolina Herrera, Roberto Cavalli e molti altri. A quell'epoca risalgono anche le prime collaborazioni con Dolce & Gabbana, Vivienne Westwood ed Ermanno Scervino. Selezionavamo solo le proposte più prestigiose e, soprattutto sul mercato italiano, davamo la priorità ad Armani, anche se formalmente non c'era un accordo di esclusiva con loro. Se, per esempio, facevo una campagna per una collezione classica di Armani, evitavo prestazioni su collezioni simili per altre aziende, anche quando a proporle erano maison importantissime. Io e Max eravamo perfettamente allineati su questo: entrambi pensavamo che, a dispetto della competizione feroce che animava il mondo della moda, alla lunga pagasse la lealtà.

Nonostante l'oculatezza con cui sceglievamo le collaborazioni, la mia vita era frenetica. Già nella prima parte della mia carriera avevo preso in media cento voli all'anno, ma in quegli anni arrivai a prenderne quasi duecento. Conobbi i fotografi più famosi e gli agenti più quotati a livello internazionale. Scoprii retroscena del mondo della moda di cui fino ad allora avevo solo sentito parlare. E se in Italia, sotto l'ala protettrice della mia agenzia e lavorando con stilisti con cui avevo instaurato un ottimo rapporto, anche a livello umano, come Domenico Dolce e Stefano Gabbana, ero quasi sempre al riparo da certi giochi subdoli, all'estero mi ritrovavo spesso allo sbaraglio.

Ero come un novello Siddharta, che per lungo tempo aveva vissuto tra le mura di un possente castello e che, una volta messo il piede fuori, scopriva una realtà completamente diversa. Nel suo viaggio verso l'illuminazione, il principe Siddharta conobbe per la prima volta la povertà, la malattia e la morte e, sulla scorta di quella scioccante scoperta, decise di dedicare la sua esistenza a indagare le cause della sofferenza. Io, invece, incontrai l'invidia, la cattiveria e la prepotenza del potere, ma non ne ricavai lezioni granché edificanti.

Era raro che chi avesse potere, piccolo o grande che fosse, non ne abusasse per qualche tornaconto personale. Mi capitò più di una volta che mi depennassero da una sfilata senza spiegazioni. Ricordo in particolare quando mi fecero prendere un volo in tutta fretta per partecipare a un fitting che era stato anticipato all'ultimo momento. Dovetti spostare diversi appuntamenti e trascorrere la notte in viaggio, ma riuscii a presentarmi all'appuntamento all'ora stabilita. Peccato che, senza nemmeno farmi entrare nello showroom, un addetto mi informò che non ero nella lista dei modelli selezionati per la sfilata. Allibito, replicai che non era possibile: solo il giorno prima avevano confermato la mia presenza e mi avevano addirittura chiesto di anticipare la partenza, ma quello alzò le spalle. «Fabio Mancini? Non sei nella lista» ripeté più sorpreso di me.

Perché accadevano cose simili? Nei primi tempi, con la mia solita ingenuità, attribuivo tutto a disguidi o fraintendimenti. Quando insistevo per avere chiarimenti, andavo a sbattere contro muri di gomma. La verità è che il successo porta con sé anche svantaggi, solo che io impiegai del tempo a capirlo. Le aziende sono fatte di persone, e i responsabili dei casting erano in gran parte ex modelli, che spesso avevano avuto una carriera soddisfacente ma non eclatante. Quando si trovavano ad assistere al successo di un modello giovane, un successo di cui loro non avevano mai potuto godere, alcuni schiumavano. Nel caso del fitting anticipato all'ultimo minuto, a sabotarmi fu probabilmente un responsabile del casting. Scoprii, infatti, che all'interno dell'azienda era stata divulgata una versione diversa: ero stato io a ritirare la mia disponibilità a causa del cambiamento di programma. A volte erano piccoli dispetti come questo, altri sgambetti, a volte pettegolezzi per mettermi in cattiva luce con gli stilisti: c'era sempre qualcuno pronto a sabotarti. Se uno stilista mi apprezzava e si spendeva in prima persona per avermi nelle sue sfilate o nelle sue campagne, allora era facile che uno dei suoi assistenti mi guardasse in cagnesco e mi mettesse i bastoni tra le ruote.

Il mondo della moda, poi, era un intrico di relazioni che io non sapevo né volevo coltivare. Per essere valutato positivamente, non bastava garantire la presenza alle sfilate o sul set, bisognare partecipare a cene e feste. Spesso dopo aver stretto un accordo con un casting director, ricevevo per posta o via social un invito privato dalla stessa persona. Puntualmente declinavo e puntualmente il lavoro saltava per qualche motivo.

La mia ritrosia non mi impedì di ritrovarmi comunque in situazioni sgradevoli. Una volta, un'agenzia newyorchese mi spedì negli uffici di un celeberrimo fotografo di moda. Mi diedero un indirizzo e si raccomandarono di rispettare l'orario dell'appuntamento. Giunsi sulla banchina di un molo, davanti a una grande rimessa e una saracinesca abbassata. *Sei sicuro che l'indirizzo sia questo?* scrissi al mio agente. *Non c'è nemmeno un citofono.*

In quell'istante la saracinesca fece uno scatto e si sollevò, rivelando un enorme montacarichi dallo scheletro in ferro. Quando le porte si aprirono, io avanzai dubbioso e il montacarichi cominciò a salire vertiginosamente. Una manciata di secondi dopo galleggiavo su una vista a centottanta gradi della baia. Un altro scossone e il montacarichi si bloccò, depositandomi all'ingresso di un enorme open space circondato di vetrate che arrivavano al soffitto. Davanti a me, decine di scrivanie allineate una dietro l'altra, su cui troneggiavano altrettanti schermi Mac di ultima generazione. Armati di penne e tavolette digitali, una ventina di ragazzi e ragazze vestiti da hipster ritoccavano fotografie di moda. Prima che potessi fare un passo, un'assistente spuntò alle mie spalle. «Mister Mancini?» disse. Annuii. «He is waiting for you.» Indicò una scala a chiocciola, anch'essa di ferro e piuttosto ripida, collocata in un angolo dell'open space. Mi sentivo l'inconsapevole protagonista di una caccia al tesoro. Chissà quanti indizi avrei dovuto ancora collezionare prima di arrivare a destinazione…

La scala a chiocciola mi risputò in uno studio, più piccolo rispetto all'open space e con una sola parete di vetrate; le altre, muri grezzi privi di intonaco, erano occupate da grandi fotografie in bianco e nero, senza cornici. Ritraevano per lo più modelli che correvano seminudi sulla spiaggia.

Lui non c'era. Decisi di aspettarlo, mettendomi comodo sull'unica poltroncina presente nella stanza, arredata con un divano nero in pelle e una grande scrivania di metallo con una seduta ergonomica.

Finalmente, dopo circa mezz'ora, si aprì una porta e il grande fotografo comparve, un uomo di circa sessant'anni dalla mole più imponente di come mi era stata descritta. «Ciao» mi disse sorridente. «Come ti chiami?»

Con un'agilità insospettabile si sedette sulla scrivania, a pochi centimetri da me. Il mio nome non gli evocò nulla o almeno non sembrò destare in lui alcun interesse. Mi osservava curioso, però, come un entomologo osserva un insetto.

Gli stavo ancora raccontando delle mie esperienze lavorative, quando a un tratto mi interruppe. «Mi piacerebbe fotografarti» disse. «Ti fermi molto a New York?»

Gli spiegai che non lo sapevo, avevo un paio di appuntamenti in sospeso. «Be', potremmo cominciare anche ora, con qualche scatto preliminare» mi interruppe di nuovo. «Ti va di alzarti in piedi e di toglierti la maglietta?»

Sembrava proprio che avesse fretta, il grande fotografo. Non vedevo fotocamere, pannelli, luci né altra attrezzatura intorno a noi, ma mi trovavo di fronte a un professionista di fama internazionale che certamente non era abituato a concedere scampoli del suo tempo prezioso a chiunque. Lo assecondai, pensando o, meglio, sperando che avrebbe estratto una macchina Polaroid da un cassetto della scrivania per scattare qualche provino, come avevano fatto in passato altri fotografi con cui avevo lavorato. Invece venne dritto verso di me. «Chiudi gli occhi» mi disse. «E respira...»

Di nuovo ubbidii, teso. La speranza che non ci stesse provando era ormai ridotta a un soffio. E, al contrario, cresceva la sensazione di essere un perfetto idiota. Maledissi l'agente che mi aveva messo in questa situazione. Senza dubbio erano tutti d'accordo. Mi avevano incastrato. E senz'altro davano per scontato che sarei stato al gioco, che non avrei osato ribellarmi.

Il grande fotografo mi mise una mano sul petto. «Respira a fondo.» Sentivo i suoi polpastrelli carnosi e sudaticci. «Respiriamo all'unisono. Facciamo in modo che le nostre energie entrino in contatto.»

«Che cosa stiamo facendo qui?» domandai a quel punto aprendo gli occhi.

«Niente di cui tu debba preoccuparti» rispose con un sorriso rassicurante. Il suo sguardo vibrava, però. Era già eccitato, lo schifoso. «Chiudi gli occhi, concentrati su quello che senti. Dimmi… senti qualcosa di speciale?»

Gli afferrai la mano, non sopportavo più di sentirmela addosso. Avrei voluto trovare un modo diplomatico per levarmi da quella situazione imbarazzante, ma la diplomazia era un'altra abilità che nessuno mi aveva mai insegnato. Gli feci presente che mi trovavo lì per ragioni professionali e che non ero abituato a lavorare in quel modo. «Se ha in mente qualcosa di diverso da un servizio fotografico, io me ne vado» conclusi con voce ferma.

Lui si divincolò, brusco, e si allontanò, voltandomi le spalle. Dopo qualche istante andò a sedersi dietro la scrivania. Intrecciò le dita, fissandomi da dietro un sorriso. Pur non essendo abituato a ricevere rifiuti, questa fu la mia impressione, sapeva mascherare abilmente il disappunto.

«Mi piaci, Fabio...» mormorò con un tono subdolo. «Che reazione di forza, che carisma. Che carattere, voi italiani...»

Mi ero già rinfilato la maglietta e gli tesi la mano per congedarmi. La presa fiacca del suo palmo molliccio fu un'altra tortura.

«Nei prossimi giorni contatterò la tua agenzia per fissare uno shooting!» disse con l'espressione sarcastica di chi afferma una cosa e intende il contrario. «Faremo grandi cose insieme, Fabio. Puoi contarci.»

Mi sottrassi finalmente alla sua presa e girai i tacchi. Come Alice quando fugge dal Paese delle Meraviglie percorrendo a ritroso tutte le tappe del suo viaggio, scivolai per la scala a chiocciola, attraversai l'open space, risalii sul montacarichi e aspettai con impazienza che la saracinesca al piano zero si alzasse, liberandomi. Solo che, una volta rimesso piede sulla banchina, non ebbi l'impressione di aver vissuto solo un sogno. Anche quello era il mondo della moda: stilisti, fotografi, agenti che cercavano di portarsi a letto i modelli e le modelle facendo leva su un ricatto implicito: se non ci stai, non ti faccio lavorare. E infatti il grande fotografo, oltre a non chiamarmi mai per quello shooting, negli anni successivi fece in modo che venissi escluso da alcune campagne molto importanti.

Tornai dal mio agente deluso, furente, ma quando gli raccontai ciò che era successo, lui cercò di minimizzare, disse che sicuramente avevo frainteso e che l'agenzia non mi avrebbe mai messo in una situazione così mortificante. «Fabio, sei ancora molto giovane... Devi imparare così tante cose...»

Ecco un altro aspetto che mi metteva profondamente a disagio nel mondo della moda. Non si parlava mai in modo schietto. Era tutto un lasciar intendere allusivo, tra non detti e ambiguità.

E come potevo destreggiarmi tra tutte quelle sottigliezze io che ero cresciuto in mezzo a gente per cui le parole erano pietre?

L'esperienza con il fotografo newyorchese non fu la più imbarazzante che dovetti affrontare. A Parigi ne capitò una ancora più assurda, con un altro tizio ancora più celebre e idolatrato da agenti, stilisti, giornalisti e da chiunque lavorasse nel campo. Era così talentuoso che la definizione di "fotografo" era ritenuta insufficiente: nell'ambiente lo chiamavano "l'artista".

Eravamo alla vigilia della Fashion Week parigina, nel pieno di fitting e preparativi che precedevano le sfilate, quando gli agenti che mi rappresentavano sul territorio francese mi convocarono nei loro uffici. Avevano una strabiliante notizia da darmi, la proposta più prestigiosa che avessi mai ricevuto. Lo sguardo supremo dell'artista si era posato su di me. Mi aveva scelto, insieme ad altri quarantanove statuari modelli, per il suo prossimo progetto, un'opera dedicata alla bellezza maschile, un libro fotografico. «Ci saranno gli uomini più belli del mondo, capisci?» mi dissero. «Sarà un volume esclusivo, in edizione limitata, un'opera d'arte! E tu ne farai parte. Se sei d'accordo, ti fissiamo subito un appuntamento così che l'artista possa conoscerti.»

Questa volta l'indirizzo mi portò sugli Champs-Élysées, davanti a una di quelle splendide palazzine risalenti alla Belle Époque. Solo dopo essere entrato mi accorsi che quelli non erano gli uffici di rappresentanza dell'artista, ma la sua abitazione privata. Un lungo corridoio, su cui si stendeva un tappeto rosso degno dei red carpet dei festival cinematografici, conduceva a una grande sala dai soffitti alti e i pavimenti in legno. Gli arredi erano in stile minimal a eccezione degli enormi lampadari di cristallo e di un grande specchio dalla cornice dorata e dai motivi liberty. Ovunque erano sparsi oggetti personali: degli occhiali su un comodino, un calice ancora pieno sul davanzale di una finestra, un libro aperto sul divano, delle babbucce accanto al tappeto e sul tappeto costellazioni di fotografie Polaroid. «Il signore arriva subito» mi disse la domestica in divisa che mi aveva accolto in quell'appartamento che doveva essere sterminato. Mi sentivo in soggezione ancora prima di conoscerlo.

L'artista si presentò scalzo con un paio di jeans e una t-shirt bianca. «Oh-là-là, Fabio Mancini! Che piacere!»

Mi offrì un calice di champagne, che rifiutai. «Preferisci un Martini?»

«No, magari dell'acqua fredda...» Piegò il capo perplesso, ma poi aprì lo sportello di un frigo bar e mi porse una bottiglia di vetro e un bicchiere. Ecco un'altra cosa che non ho mai capito del mondo della moda: se rifiuti lo champagne, la prendono tutti sul personale.

Dopo i soliti convenevoli, di punto in bianco l'artista mi chiese se fossi fidanzato. «Al momento no» dissi.

«Oh, bene» fece lui allegro. «Per chi fa il tuo mestiere non va bene essere fidanzati. Bisogna essere aperti agli incontri. Perché ogni incontro può cambiarti la vita.»

Ci risiamo, pensai subito. Dall'episodio con il grande fotografo erano passati mesi e avevo accumulato un po' di esperienza. Nel nostro ambiente, flirtare era una modalità di comunicazione come un'altra. Molti gettavano l'amo per una sorta di riflesso condizionato, se poi qualcuno abboccava tanto meglio, ma non tutti avevano un disegno preciso. Sperai vivamente che fosse quello il caso, e decisi di stare al gioco senza abboccare.

«Anche io credo molto negli incontri.» Lo penso davvero, è la verità. «La mia vita è cambiata proprio grazie a un incontro capitato per caso. Di recente mi sto avvicinando al buddhismo, perché credo che ci sia una ragione in tutto questo…»

Il buddhismo non lo entusiasmava, ma quando cominciò a parlarmi del suo progetto si fece serio e appassionato. Mi raccontò delle ambientazioni che aveva scelto, degli attori e dei modelli che erano stati coinvolti. «Ho visto le tue campagne per Armani, mi hanno colpito moltissimo. Hai una bellezza esotica ma allo stesso tempo classica, apollinea…»

Proseguì spiegandomi che aveva in mente foto di nudi artistici. «Molto raffinati, ovviamente» si affrettò a precisare. «Tu ne hai mai fatti?»

«No» risposi.

«Non preoccuparti, non sarà molto diverso da altri shooting a cui hai già partecipato» disse. «Innanzitutto, non ci saranno inquadrature frontali. I miei soggetti saranno inquadrati solo di spalle e di profilo e giochi di luce e ombra renderanno tutto molto delicato e soffuso. Poi, durante gli scatti, potrai indossare degli appositi slip per sentirti più a tuo agio.»

Gli dissi che per me non c'erano problemi. Non sono mai stato pudico. Non avevo problemi a mostrare il mio corpo, l'importante era che nessuno mi toccasse.

«Allora, se sei d'accordo, vorrei farti qualche foto preliminare per studiare le pose.»

Lo seguii nella stanza attigua, dove era già stato predisposto un set con un pannello bianco a fare da sfondo, ma indicò un grande specchio dalla superficie fumé sulla parete opposta. «Ecco» mi disse, «per oggi scatteremo qui, così giocheremo con i riflessi.» Quindi mi porse un completo intimo bianco, slip e canottiera. «Ti spiace indossare questi? Voglio lavorare sui contrasti. Mentre ti spogli, io vado a prendere qualche attrezzatura nella stanza qui accanto.»

Si allontanò fischiettando. Emergenza rientrata, pensai. L'artista non voleva portarmi a letto ed era molto meno borioso di tanti suoi colleghi meno famosi. Glielo dissi: «È la prima volta che mi capita di lavorare con un fotografo del tuo livello che non si dà delle arie.» Lo sentii ridere dall'altra stanza. «Ed è un vero onore che tu mi abbia scelto per questo progetto...»

In quel momento notai un'ombra fugace sullo specchio. Mi guardai intorno: non c'era anima viva a parte me. Mi tolsi la maglietta e sentii un clic, di nuovo mi voltai ma senza notare nulla di strano. Slacciai i pantaloni – un altro clic. Questa volta, però, mi resi conto che il suono proveniva dalla stanza accanto. Mi bloccai e proprio allora un'altra ombra attraversò la superficie di vetro.

Qualche istante dopo l'artista ricomparve dalla porta accanto allo specchio. «Oh, Fabio, scusami! Pensavo fossi pronto» disse con lo sguardo sui miei jeans. «Ritorno tra poco.»

«Aspetta» replicai. «Che specchio è quello?»

«Fa parte dell'attrezzatura, Fabio. Lo uso per creare effetti particolari... coi riflessi... Te l'ho spiegato...»

«Che cosa facevi lì dentro?»

«Te l'ho detto, preparavo l'attrezzatura.»

«A me è sembrato che scattassi delle foto.»

«Ma no, cosa dici, provavo la macchina...» balbettò lui chiaramente in imbarazzo.

«Si vedono delle ombre dietro questo specchio.»

L'artista alzò le spalle stizzito. «Rilassati, Fabio, sei un po' troppo teso, caro.»

Sentii di nuovo salire la rabbia, quella che mi impediva di essere diplomatico. «Non mi piacciono questi giochetti» sbottai. «Io me ne vado.»

Questa volta non tesi la mano, né gli diedi la possibilità di chiudere il discorso con una battuta ficcante o altri brillanti espedienti retorici. Lasciai l'appartamento avvolto nel silenzio, così come l'avevo trovato.

Mi avviai sugli Champs-Élysées alla ricerca di una fermata della metropolitana. Neanche il tempo di sbollire il nervoso e il telefono squillò. Erano gli agenti parigini: «Come ti sei permesso di trattare in quel modo uno dei più grandi fotografi del mondo» mi assalirono. «Hai perso l'occasione della tua vita... Oltre ad averci fatto fare una pessima figura.»

Li mandai a quel paese, non ricordo nemmeno più in quale lingua, e, stanco di scansare la folla, mi infilai in un taxi fermo davanti a un grand hotel. Durante le sfilate di quella settimana, mi sfogai con alcuni colleghi. Molti mi dissero che avevo esagerato. «In fondo ti avrebbe fatto solo qualche foto. Guarda che c'è molto di peggio...»

«Non è normale fotografare di nascosto una persona...»

«Sarà una perversione, una perversione innocua... In ogni caso, ti saresti spogliato lo stesso per lui...»

Non capivano. Era come se nella nostra professione il rispetto fosse un accessorio di lusso. «Siamo modelli, Fabio. In fondo vendiamo il nostro corpo... Che ci piaccia o meno.»

«Non è una giustificazione per superare certi limiti. Io non sono abituato a lavorare così...» ripetevo di continuo. «Ho lavorato con i migliori e sono sempre stato trattato con professionalità.»

Mi riferivo soprattutto a Giorgio Armani, che si era guadagnato il soprannome di Re Giorgio anche per il distacco aristocratico con cui gestiva i rapporti di lavoro. Il suo, però, non era snobismo, non gli interessava rimarcare il suo ruolo. Apparteneva a una generazione che per principio non mescolava il lavoro con la vita privata e che considerava la riservatezza un valore. Il suo senso dell'etica, poi, lo portava a trattare gli altri con il rispetto che pretendeva per se stesso. In tanti anni di conoscenza non mi aveva mai chiesto niente della mia vita privata. Non l'avevo mai sentito rivolgere ai suoi modelli o alle sue modelle frasi come «Sei fidanzata?» nemmeno per scherzo. Per lui sarebbe stato inconcepibile. Non gli piaceva nemmeno vezzeggiare chi lavorava per lui: altro che i «Tesoro!», «Divina!», «Fantastico» con cui certi suoi colleghi condivano ogni frase. Da questo punto di vista era molto parco. Mi ricordava mio nonno e mio padre – forse anche per questo era diventato da subito una figura di riferimento per me. Era nato in un'epoca in cui le parole avevano meno valore dei fatti. Questo spiegava perché non mi aveva detto bravo nemmeno una volta. La sua approvazione la dimostrava confermandomi anno dopo anno, sfilata dopo sfilata, campagna dopo campagna.

D'altra parte, se avevo un problema, lui c'era. Più di una volta, in quegli anni, quando ebbi l'impressione che potessero verificarsi disguidi, sgambetti o episodi sgradevoli, mi diede la possibilità di raggiungerlo a casa o in ufficio: il tempo di parlarmi lo trovava ogni volta, da persona generosa quale si era sempre dimostrata. Mi ascoltava e non diceva nulla, ma poi, se era necessario, agiva.

Nel mondo della moda potevano coesistere persone cristalline come Giorgio Armani o come Max e individui viscidi come certi agenti, che ti avrebbero dato in pasto all'orco pur di non perdere la loro percentuale, una combinazione disorientante. Il bene e il male si trovavano sullo stesso piano e avevano le stesse possibilità. Erano opposti inconciliabili che scatenavano una lotta senza fine e le vie di mezzo non erano contemplate.

Diario di viaggio

25 agosto 2023

Ore 09:30

Ho ripreso a correre, una corsetta a un ritmo blando, solo otto chilometri, perché mi sento ancora spossato. Ma sono sulla via della guarigione. Il corpo risponde bene anche sotto sforzo.

Dopo una doccia rigenerante, ho parlato con maestro Sangpo della capacità di controllare gli impulsi, un altro punto su cui devo lavorare.

Spesso la mia impulsività mi ha portato ad agire senza ponderare. Ho fatto bene? Una delle cose che amo del buddhismo è che non offre risposte preimpostate o dogmatiche a questo tipo di domande. Sta a ognuno di noi comprendere, analizzare a partire da una profonda riflessione sui meccanismi di causa ed effetto e sulla natura transitoria e interdipendente di tutti i fenomeni, senza mai slegarsi dalla propria esperienza personale; allora è possibile avviare un percorso di profonda trasformazione di noi stessi. La cosa importante è la motivazione: cercare di essere di massimo beneficio per noi stessi e per gli altri.

Qui sto imparando a riflettere, prima di agire ma anche prima di giudicarmi. E comincio a capire cose di me che non avrei mai immaginato. Non avrei mai immaginato, per esempio, di poter tenere un diario ogni giorno, come faceva sempre zia Alfonsina, una delle poche persone che ha continuato a volermi bene e starmi vicino anche quando le luci dei riflettori si sono spente.

Mi manca zia Alfonsina, mi manca mio zio Antonio e mi mancano soprattutto mio nonno e mio fratello Marco. Vorrei vederli anche solo un minuto e dire loro quanto li amo. Spero di poterli incontrare e abbracciare in sogno stanotte.

26 agosto 2023

Ore 06:45

Oggi sveglia presto per una gita importante. Destinazione: Bir, dove visiteremo due grandi monasteri.

Siamo tutti pronti. Maestro Darwa ha lo zaino pieno di Pringles. Maestro Tashi è elettrizzato. E Sangpo? Lui ha pensato a ogni dettaglio dell'organizzazione.

Si parte!

Ore 09:00

Dopo quasi due ore di auto, ci fermiamo a fare colazione in un chioschetto. A prima vista non è affatto invitante. Le pentole sui fornelli sono nerastre e il banco di lavoro è cosparso di gusci di uova rotti. Ma le omelette che ci servono sono deliziose. I maestri ne divorano due a testa con fette di pane a non finire, e io ovviamente non posso essere da meno… Doppia razione anche per me!

Le uova galleggiano nell'olio proprio come il sugo che prepara il nonno. Mi sento a casa, e non solo per le uova, anche per la compagnia. Ormai i miei maestri di viaggio sono come una famiglia, come tre fratelli - guai a chi me li tocca. È una sensazione che non provavo da tanto tempo, forse troppo.

Con loro ho capito fino in fondo il significato della parola condivisione. I miei maestri vivono davvero con poco, ma quel poco sono disposti a donarlo interamente.

Ore 20:30

Siamo arrivati a destinazione, in un monastero antichissimo. C'è una splendida statua del Buddha. Maestro Sangpo si china per fare il saluto buddhista e per la prima volta mi invita a eseguirlo insieme a lui, un rituale che porterò con me.

Ho sempre sottovalutato l'intangibile e l'invisibile. Oggi, invece, sento nuove energie scorrermi nel sangue e la potenza di tutto ciò che sto imparando mi avvolge.

Sto imparando a parlarmi di più la sera prima di andare a letto, sto imparando ad ascoltarmi, a trovare la mia centratura e a sorridere, ringraziando l'universo quando trascorro giornate come quella di oggi, con i miei maestri.

Aggiustare gli strappi

Amore e attaccamento sono due cose completamente diverse. Amare qualcuno significa lasciargli la libertà di crescere. Mentre l'attaccamento implica delle aspettative: ti aspetti che l'altro o l'altra ti rendano felice. Sei tu che devi crescere e coltivare il tuo io per diventare la persona felice che vorresti.

Quando dicevo a Max che il mondo della moda cominciava a disgustarmi, lui mi capiva. «Lo so bene, e sono d'accordo. D'altra parte» aggiungeva, «tu hai raggiunto uno status che ti mette al riparo da ricatti e pugnalate alle spalle... Puoi lavorare secondo le tue regole. Che cosa vuoi di più?» Aveva ragione. Max e la D'Management mi avevano permesso di fare un ulteriore salto di qualità. Per ogni occasione persa a causa di qualche furbetto invidioso o di qualche artista frustrato, ricevevo dieci nuove proposte, una più allettante dell'altra, dovevo solo scegliere. Arrivavo a guadagnare anche ottantamila euro per una campagna che mi impegnava per due o tre giorni.

In quel periodo, non a caso, cominciai a soffrire di un certo delirio di onnipotenza. Non erano tanto i soldi ad alimentare a dismisura il mio ego, quanto il fatto di essere così desiderato, non solo nel lavoro. Oltre al mio aspetto fisico, ora, ad attirare le donne c'era anche la fama. Non avevo più bisogno di corteggiare, flirtare, pazientare il tempo necessario: mi sembrava che fosse sufficiente posare il mio sguardo su una donna per portarmela a letto. Viaggiavo di continuo e dormivo pochissimo, ma ogni giornata doveva concludersi con una conquista, con l'ennesima sfida vinta. Ero entrato di nuovo in un loop ossessivo-compulsivo. Più avevo successo, più sentivo il vuoto attorno, e più il senso di vuoto si faceva opprimente più avevo bisogno di esercitare il mio potere.

La bellezza era un'arma a doppio taglio. Senza, non avrei avuto quel lavoro da favola e tutto quel successo con le donne, ma d'altra parte era un fattore ingombrante che gettava un'ombra su ogni relazione, sentimentale o d'amicizia. Quando una donna si interessava a me, non potevo fare a meno di domandarmi se lo facesse solo per il mio aspetto fisico – e la risposta era invariabilmente positiva. Gli uomini, invece, si tenevano a distanza o, peggio, mi guardavano in cagnesco. Dalla complicità tipica tra maschi, dai rapporti camerateschi ero escluso, come se non fossi uno di loro. Venivo considerato un nemico, uno che rubava la scena, e perciò andava tenuto a distanza. Avevo solo un amico in quel periodo, Max, a cui però mi legava anche un rapporto di lavoro. Avrei potuto coltivare altre amicizie nell'ambiente della moda, peccato che la mondanità e i locali esclusivi non mi interessassero. Mi sentivo un pesce fuor d'acqua alle feste di gala o nelle discoteche con i deejay più famosi. Le première, i set, gli hotel a cinque stelle facevano parte del lavoro. Nel tempo libero volevo andare in un pub a guardare una partita dell'Inter, oppure farmi una chiacchierata al ristorante con un amico.

Quando, raramente, mi capitava di incontrare persone simili a me nell'ambiente di lavoro, ero felice. È accaduto così con Giulio, un videomaker che ho conosciuto nel backstage di una sfilata di Armani. Eravamo entrambi alle prime armi, all'epoca, e non conoscevamo nessuno nell'ambiente – forse abbiamo legato anche per questo. Ma oltre a ciò ci accomunava la visione della vita: eravamo due spiriti liberi, che soffrivano le regole, le formalità, il perbenismo. Le nostre carriere decollarono insieme quando, grazie a un video girato per una campagna pubblicitaria di Armani, anche Giulio cominciò a ricevere incarichi sempre più importanti. Con il tempo l'affiatamento si trasformò in amicizia. Un po' alla volta confidai a Giulio tutti i miei tormenti, e lui mi raccontò della sua vita. Veniva da una famiglia benestante, ma aveva sempre voluto arrangiarsi da solo ed era orgoglioso di aver raggiunto l'indipendenza. Presto cominciammo a uscire insieme, e quando andavo "a caccia" Giulio veniva con me. Non aveva mai avuto un grande successo con le donne e si meravigliava della facilità con cui riuscivo a conoscerne e presentargliene.

«Ma ti rendi conto di quanto sei fortunato?» mi diceva. «Sai quanti vorrebbero essere al tuo posto?»

Controbattevo che non era tutto così esaltante come sembrava, ma lui stentava a crederci. «A nessuna interessa davvero di cosa sento...» spiegavo. «Sono un trofeo...»

«Ma che ti importa» ribatteva lui a quel punto. «Siamo giovani, divertiamoci. C'è tempo per le storie serie...»

E così continuavamo la nostra vita da vagabondi notturni, in giro per Milano, nei posti più alternativi, alla ricerca di avventure sempre diverse. Finché è successo quello che né io né Giulio ci saremmo mai aspettati.

Un giorno, nel backstage di una sfilata, un mio collega modello mi ha chiesto di fare una foto insieme per ricordo. Nel trambusto di vestieriste che trascinavano stand, di sarte che rincorrevano i modelli armate di ago e filo, di assistenti che controllavano l'ordine di uscita, non c'era nessuno disposto a darci retta. Finché Thomas, il mio collega, indicò una ragazza girata di spalle: «Chiediamo a lei!».

La chiamammo, si voltò e da quel momento non capii più nulla. Non saprei spiegare perché dal primo istante ebbi la certezza che quella ragazza fosse speciale. Non fu qualcosa dell'aspetto fisico a colpirmi – era una ragazza elegante e minuta, tutt'altro che appariscente –, ma la sensazione di casa che evocava il suo sorriso. Era come se dopo aver navigato tra le nebbie per un tempo infinito, all'improvviso mi fosse apparsa una luce, forse la fine del viaggio.

La ragazza scattò la foto e riconsegnò il telefono a Thomas con un altro sorriso gentile. Poi anche noi fummo richiamati all'ordine e la perdemmo di vista. Più tardi, dopo la sfilata, chiesi un po' in giro. Chi era quella ragazza delicata, con una nuvola di capelli corvini e il sorriso dolce? Scoprii solo che faceva la giornalista, senza riuscire a raccogliere qualche altra informazione. Per fortuna c'erano i social, che di solito detestavo, ma che invece in quell'occasione si rivelarono utilissimi. Thomas, infatti, aveva postato la nostra foto e, sbirciando tra i mille commenti, trovai proprio quello che cercavo. «Se la foto riscuote tanto successo, il merito è anche della fotografa 😉» diceva una certa Beatrice92. Cliccai subito sul suo profilo ed ebbi conferma che si trattava proprio della ragazza dal sorriso speciale. Inoltre, controllando tra i commenti dei suoi post recenti, scoprii che il giorno dopo Beatrice – il nome fittizio che usava sui social – si era data appuntamento con un'amica alla sfilata di Bikkembergs, guarda caso la sfilata a cui avrei partecipato.

Per la prima volta, quando venne il mio turno in passerella, non mi concentrai esclusivamente sulle luci davanti a me né sui movimenti del mio corpo. Con la coda dell'occhio la cercavo e la individuai subito. Era in prima fila, alla mia sinistra. Non la persi di vista fino al piccolo party che si tenne nel backstage al termine della sfilata. Allora la raggiunsi, mi presentai e le chiesi se le andava di spostarci in un luogo più appartato e silenzioso. La portai in un camerino fornito di un comodo divano. Era la classica situazione in cui solitamente finivo per fare sesso entro pochi minuti. Ma capii presto che lei non aveva alcuna intenzione di saltarmi addosso né si aspettava che *io* le saltassi addosso. Era piuttosto timida, quasi in imbarazzo. Quando parlava, però, aveva un piglio diretto. «Non sapevo chi fossi fino a ieri...» mi disse. «Poi, dopo che ti ho scattato quella foto, la mia amica mi ha detto che sei un top model famosissimo... Avrei potuto immaginarlo, ma mentre cercavo la giusta inquadratura pensavo che... hai uno sguardo triste. Anche mentre sfili, sembri triste, ombroso, un po' incazzato.»

Quella sera la invitai a cena, ma lei rifiutò. Mi permise, però, di riaccompagnarla a casa. In taxi accadde la cosa più bizzarra che mi fosse capitata da quando non ero più un ragazzino: nel silenzio Beatrice mi prese la mano e rimanemmo così, con le dita intrecciate, per tutto il viaggio. Sotto il portone provai a baciarla, ma lei di nuovo tirò fuori il piglio schietto: «Scusa, ma non sono abituata a far salire i ragazzi da me».

Tornai a casa un po' frustrato – dunque non ero il maschio infallibile che credevo –, ma anche intrigato e piuttosto spaesato. Chi era questa ragazza che mi faceva tremare le gambe come un adolescente e che allo stesso tempo era riuscita a vedere la tristezza che nascondevo al resto del mondo dietro l'espressione da duro?

Dopo tre giorni stavamo insieme, dopo un mese cominciammo a parlare di convivenza. Le notti randagie in giro per la città vennero presto dimenticate, e le pulsioni tossiche che mi spingevano a cercare il sesso con donne sempre diverse sembravano anestetizzate. Con Beatrice non avevo più bisogno di fingere, non dovevo mostrarmi forte e inscalfibile. Potevo ammettere che era stata dura lasciare l'università e la casa in cui avevo vissuto per buona parte della vita, che dover badare a me stesso e a un fratello adolescente sensibile e buono era stato un peso tale da togliermi il sonno per molto tempo, che il rifiuto e i pregiudizi della mia famiglia mi ferivano nel profondo. A volte piangevo, e lei mi accarezzava e piangeva con me.

Beatrice sapeva colmare tutti i miei vuoti. Quando tornavo a casa mi accoglieva sempre con il suo sorriso taumaturgico. Da quando le avevo raccontato che uno dei ricordi più belli della mia infanzia erano le caramelle mangiate di nascosto insieme a mio nonno, me ne comprava un pacchetto ogni volta che andava a fare la spesa. Quando rientravo da qualche viaggio, mi faceva trovare sempre una cenetta pronta in casa, perché sapeva che avevo bisogno di pace e tranquillità tra le mura domestiche. All'inizio ordinava il sushi, ma poi col tempo imparò a cucinare i miei piatti preferiti. E io, quando ero in casa, adoravo cucinare per lei.

Giulio mi diceva che ero molto cambiato, che non mi aveva mai visto così sereno. «Te lo meriti, fratello, con tutto quello che hai passato… Mi stai facendo ricredere sulla vita da single. Forse anche per me ci vorrebbe una storia così…»

Anche la nausea che provavo per l'ambiente della moda si placò. Quando la sera, dopo una giornata di riprese, andavo a dormire in una stanza di hotel di una città straniera ero più sereno, perché sapevo che al mio ritorno a Milano avrei trovato qualcuno ad aspettarmi. Le cattiverie e le piccole lotte di potere mi sembravano tutto a un tratto molto meno importanti.

Adesso che mi sentivo più in pace con me stesso, ero anche più propenso a frequentare mio fratello e la sua famiglia. Per molto tempo avevo usato scuse per non farmi vedere – «Sono sempre in giro, sai com'è... Magari il mese prossimo». Ci sentivamo solo al telefono. La verità era che Marco mi mancava moltissimo, ma temevo che se mi avesse guardato negli occhi avrebbe scoperto il mio bluff. Non ero il super uomo irraggiungibile che ammiccava sulle copertine delle riviste e non ero nemmeno una roccia capace di resistere a qualsiasi tempesta, come gli avevo fatto credere quando era un ragazzino. Ora, però, con Beatrice, mi sentivo più forte. Forse non ero pronto per affrontare i traumi del passato, ma potevo sostenere lo sguardo di Marco senza provare vergogna.

La famiglia ebbe un ruolo importante nella mia relazione con Beatrice. Fu un collante e un elemento disgregante insieme. Sua madre era un'imprenditrice, suo padre un dirigente di azienda. C'era anche una sorella maggiore sposata a un ragazzo di buona famiglia. Vivevano in una città di provincia ed erano tutti molto affiatati. Erano la classica famiglia perbene i cui membri si sostengono e vigilano l'uno sull'altro. I genitori avevano fatto del loro meglio per instillare nelle figlie l'autostima e la fiducia nel futuro. Beatrice era cresciuta nella convinzione di essere destinata a una vita felice, con una carriera importante, un marito amorevole e capace di provvedere alla famiglia. Un altro universo, lontano anni luce da quello in cui ero cresciuto io. Ciononostante, mi accolsero a braccia aperte, anzi credo che la mia storia personale abbia giocato a mio favore. «Non oso immaginare cos'hai passato… Vedere la tua famiglia che si sgretola senza poter fare nulla…» diceva spesso Beatrice a proposito del mio passato.

«Mi dispiace tanto, Fabio» commentò sua madre quando le spiegai perché avevo interrotto ogni rapporto con i miei genitori. «Ricordati che qui hai trovato una casa e una nuova famiglia.»

Ci invitavano da loro spessissimo, praticamente ogni fine settimana. Talvolta avrei preferito restare a Milano, goderci un po' la vita di coppia, ma Beatrice era così legata ai suoi che mi dispiaceva negarle quella gioia. Con la madre, in particolare, aveva un rapporto molto stretto. Le confidava tutto e si fidava solo del suo giudizio. Era bello vederle così unite e sentirsi parte di quella famiglia in cui si parlava apertamente di tutto, anche dei sentimenti e delle emozioni. Ci si diceva «Ti voglio bene» senza pudore. Non esistevano silenzi ostili, rancori o ripicche. Non c'erano sotterfugi, misteriosi eventi del passato cui era vietato accennare. C'erano, invece, tradizioni di famiglia, una storia comune fatta di vacanze meravigliose e traguardi celebrati insieme. Ogni successo individuale diventava patrimonio di tutti. Erano – eravamo? – una squadra.

Ricordo il primo Natale con la famiglia di Beatrice: la casa addobbata di tutto punto, i posti a tavola già assegnati, lo scambio dei regali – un rituale scandito da passaggi precisi, codificati nel tempo.

"Allora era così che si faceva nelle famiglie vere?" pensavo. Quante cose mi ero perso in tutti quegli anni?

Con il tempo, tuttavia, la mia percezione cambiò. Non accadde nulla di particolare, ma fu un cambiamento drastico. L'atmosfera che prima mi appariva calorosa e accogliente divenne asfissiante e opprimente. Ogni volta che mi trovavo sulla soglia di casa di Beatrice e posavo a terra le valigie mi sembrava di essere un cane al guinzaglio. Non mi sentivo libero, anche perché se saltavamo un weekend la madre di Beatrice ci rimaneva malissimo. Madre e figlia si raccontavano tutto, troppo. Se avevo una discussione con Beatrice, capitava che dovessi renderne conto anche a sua madre.

«Sai» mi diceva, «Beatrice non lo dà a vedere ma soffre di insicurezza. Ha bisogno di attenzioni.»

Comprensibilmente era molto protettiva con sua figlia. Ma come potevo dare attenzioni a Beatrice, se non avevamo mai un momento per noi? Le insicurezze di Beatrice, poi, erano del tutto infondate, o almeno non dipendevano da me. Non riusciva ad ammetterlo, ma anche lei a volte si sentiva oppressa dalle aspettative della sua famiglia. «L'idea di deludere i miei genitori mi ha sempre terrorizzato... A volte ho paura di non essere come loro.»

Purtroppo Beatrice riversava molte delle sue ansie su di me. Aveva bisogno di controllarmi, di muovere i fili della mia vita. A un certo punto decise che non potevo più andare avanti così, che dovevo ricucire il rapporto con i miei genitori, un argomento su cui non avevo mai permesso a nessuno di mettere il naso, nemmeno a mio fratello. «Scusami, ma questa cosa non ti riguarda. Non puoi capire» le ripetevo.

Presto cominciai ad avere attriti anche con la sua famiglia. Un anno mi rifiutai di trascorrere l'ennesimo Natale a casa loro.

Fu uno scandalo. «Ma che c'è di male se per una volta facciamo un viaggio insieme?» dissi a Beatrice, che per una volta mi assecondò. Quello che non capivano era che il Natale per me era un momento difficile. La mente tornava inevitabilmente ai miei genitori e a mio fratello. Non riuscivo a fare a meno di pensare alle feste passate con la mia famiglia.

Poi l'ansia controllante di Beatrice superò ogni limite, o almeno il limite che io ero in grado di tollerare. Scoprii che aveva contattato mia madre e che si sentivano regolarmente. Di fatto, stavano preparando il terreno per la riconciliazione. Andai su tutte le furie. Come si era permessa di scavare nella mia vita senza interpellarmi? Pensava di manovrarmi come un burattino senza tenere conto dei miei sentimenti? Io non ero pronto a riaprire quella ferita. Si rendeva conto che le conseguenze avrebbero potuto essere devastanti?

Ero così offuscato dalla rabbia che non riuscivo a capire che Beatrice agiva solo per il mio bene. Quella volta si scusò, ma non riuscii mai davvero a perdonarla. Ci furono altre incomprensioni con la sua famiglia. «Fabio, tu sei così poco diplomatico» non faceva che ripetermi la madre. Finché scoppiai. E decisi di chiudere.

Lo annunciai a Beatrice in un pomeriggio d'autunno, che non potrò mai dimenticare. Piangevamo entrambi come nei primi tempi della relazione, quando ognuno apriva il cuore all'altro.

Fu un dolore terribile, ma non tornai sui miei passi.

«Hai fatto bene» mi diceva Giulio. «Evidentemente non era la persona giusta per te.»

Chissà se era quello il vero problema? In fondo, non c'erano ostacoli insormontabili a dividerci. Per quanto troppo protettivi e forse invadenti, i genitori di Beatrice erano persone oneste, pulite e generose. In me, invece, era cambiato qualcosa. Mi era mancata l'aria ed ero fuggito. Non avevo cercato un punto di incontro, non aveva teso una mano a Beatrice. Eppure la amavo, ne ero certo. Così come ero certo che nessuna ragazza mi avesse mai amato come lei. E allora perché avevo buttato via tutto?

Nessuno mi aveva mai insegnato a ricucire gli strappi, ad aggiustare i rapporti. Ma forse, cominciavo a pensare, ero fatto così. Ero io quello sbagliato, quello che non si poteva aggiustare e che non sarebbe mai stato capace di costruire una relazione stabile.

Diario di viaggio

28 agosto 2023

Ore 08:30

Mi sveglio e… splende il sole!

Oggi mi aspetta un'altra giornata meravigliosa. Prima passerò a salutare maestra Maria Luisa e poi, più tardi, ripartirò con i miei maestri. Questa volta faremo visita a due eremiti che vivono in montagna. Porteremo loro le provviste necessarie per un mese.

Non vedo l'ora!

Ore 10:00

Quando le racconto della visita agli eremiti, maestra Maria Luisa mi regala un mantello sacro e due *mala* rossi, i rosari usati per pregare, che sono stati benedetti dal Dalai Lama. Mi dice che mi proteggeranno. Mi mette una collana al polso e l'altra al collo. So già che mi daranno forza nei momenti di sconforto.

Oggi sento scorrere in me una grande energia. Potrei portare sulle spalle i sacchi pieni di provviste di tutti i miei sei compagni di viaggio.

Ci avviamo, entusiasti. Il cammino sarà lungo, circa un'ora, ma con i regali della monaca oggi mi sento un supereroe.

Ho in tasca il mio piccolo diario. Ci sentiamo domani, a quasi tremila metri di altezza!

29 agosto 2023

Ore 07:30

Buongiorno da quassù, in un posto magico. La nebbia è fitta. Siamo nascosti tra le montagne, in un luogo che non ha un nome. Il fatto che nessuno sappia dove mi trovo mi affascina, ma allo stesso tempo mi mette angoscia. Ho deciso di fermarmi un po' qui, con gli eremiti, due monaci anziani, canuti e taciturni che comunicano tra loro per lo più a sguardi e gesti. Sento che ho bisogno di guardare dentro me stesso, senza distrazioni. È una prova dura, questa, per me che detesto la solitudine, ma il buddhismo mi ha insegnato che mettersi alla prova è essenziale per crescere. È così che ha fatto Siddharta, no?

Vivo nella capanna di uno dei due monaci eremiti. Qui le giornate sembrano non passare mai. Ogni tanto cerco un essere vivente che mi faccia compagnia, le scimmie, le aquile, gli insetti. Oggi, dal nulla, è comparso un cagnolino bianco, un cucciolo randagio dolce e bellissimo. Può essere che me lo abbia mandato qualcuno o forse ci conoscevamo in un'altra vita.

Nel buddhismo si accoglie l'idea che siamo tutti inseriti all'interno di un ciclo di rinascite. E così mi viene da pensare che forse in una vita passata potrei essere stato un cucciolo bianco, oppure una scimmia o ancora un'aquila reale.

Il monaco che mi ospita mi ha vietato di uscire dopo il calare del sole. Dice che potrei fare brutti incontri. Da queste parti si aggirano orsi e addirittura qualche tigre. Mi sento l'eroe di una di quelle storie di avventura che amavo tanto da bambino.

Ho parecchio tempo per riflettere. Penso ai miei genitori, a mio fratello, alle sue bambine e a sua moglie, al nonno, allo zio Antonio e a tutte le persone che mi mancano. Incomincio a vedere la luce in quell'interminabile stagione dei monsoni che è stata la mia vita.

Mi sento felice anche senza niente, senza telefono, senza gente che si lamenta, senza pressioni, senza adulazioni, senza false promesse.

Riconosco che troppe volte mi sono circondato delle persone sbagliate, persone che mi stavano accanto per spuntare un contratto, per godere della mia notorietà, per avere accesso a un mondo di lustrini.

Sono stato male, malissimo, ma grazie alla meditazione sono finalmente pronto a passare oltre. E adesso so che tipo di rapporti voglio costruire d'ora in poi. Voglio che i gesti contino più delle dichiarazioni, delle giustificazioni, delle promesse. Tra me e i miei piccoli amici della foresta non ci sono parole, ma fiducia e rispetto. Vorrei che fosse così per sempre, anche fuori di qui.

Il momento di partire

Ho imparato ad amare il buio degli abissi,
ad ascoltare il mio istinto e a seguire la scia bracciata
dopo bracciata anche quando mi manca l'aria.
Quando affronto un momento di difficoltà, piuttosto
che piangermi addosso, preferisco chiedermi: perché
sta succedendo a me? Qual è la lezione da imparare?

La mia vita seguiva schemi ripetitivi. Non appena interruppi la relazione con Beatrice, ricominciai con le scorribande in città e le avventure di una notte. Giulio non riusciva a nascondere il suo entusiasmo per quella svolta. «Fabio, ammettilo, tu sei come me, non sei fatto per vivere imbrigliato.»

Giulio era diventato un professionista affermato e in quel periodo, oltre a vederci nel tempo libero, lavoravamo spesso insieme e condividevamo viaggi in aereo e in auto.

«Comincio a pensare che tu abbia ragione» gli dicevo io.

«Giura che non mi abbandoni più. Con te è molto più facile attirare le ragazze… A proposito, stasera dopo lo shooting che si fa? Prenoto io un locale?»

Questa era la mia routine quotidiana, che fossi in giro o a casa. Il mio appartamento a Milano era frequentato da decine di persone, che in gran parte mi risultavano sconosciute. Il mio portinaio era disperato, non solo per i rumori molesti a tutte le ore denunciati dagli altri condomini, ma perché spesso gli chiedevo di aiutarmi a smistare il traffico. «Se si presenta una tal ragazza, dille che non abito qui, per favore...» Lui scuoteva il capo, esasperato, ma poi finiva sempre per accontentarmi, anche perché tra le visitatrici c'erano donne famose in incognito, e lui adorava il gossip.

Anche a Castellaneta si ripeteva la stessa storia. Ricevevo di continuo regali e inviti a feste, e la gente mi fermava per strada per chiedermi foto e autografi. Era difficile mantenere i piedi per terra. E di nuovo, proprio nel momento in cui mi sentivo meno vulnerabile, ricaddi in uno schema già visto: il colpo di fulmine.

Questa volta mi trovavo in spiaggia con un amico. «Ti ho portato in questo lido perché qui ci sono le donne più belle» mi disse, indicando un gruppo di ragazze dai corpi perfetti sdraiate sulla prima fila dei lettini del lido.

Io, però, non gli davo retta. Guardavo verso il mare, dove c'era un'altra ragazza girata di spalle e immersa fino alla vita, con una lunga treccia che sfiorava l'acqua.

«E lei chi è?» domandai indicandola con un cenno.

«Si chiama Tiziana, è sulla trentina. È di Bari, viene qui in vacanza... Sembra una con la puzza sotto il naso. Non dà confidenza a nessuno ed è molto solitaria. Fino a poco tempo fa stava con un tizio poco raccomandabile. Ma pare che finalmente l'abbia lasciato. Vuoi che te la presenti?»

Annuii. Era raro ormai che facessi il primo passo con una donna, ma erano rare anche le vibrazioni che sentivo in quel momento guardando Tiziana. A quanto pareva, dopo essermi innamorato di un sorriso, questa volta avevo perso la testa per una treccia.

Il mio amico, senza troppi preamboli, si avvicinò e la invitò a uscire con noi quella sera, ma lei disse che era già impegnata.

«E cos'hai da fare?» chiesi io.

Per la prima volta mi rivolse uno sguardo. «Scusa, ci conosciamo?»

Mi aveva già conquistato con la treccia, ma dopo quella rispostaccia capitolai definitivamente. Lasciai che se ne andasse senza controbattere, ma nei giorni successivi la cercai invano nello stesso lido. Alla fine, tramite altri amici, scoprii che avrebbe partecipato a una festa a cui anche io ero invitato. Perfetto.

La sera della festa la avvistai a bordo piscina, seduta in disparte. Sembrava davvero un tipo burbero e solitario, proprio come me l'avevano descritta. Considerato come si era concluso il nostro primo incontro, temevo che se mi fossi avvicinato per attaccare discorso mi avrebbe mandato a quel paese. Dovevo prima trovare un modo per conquistarmi la sua benevolenza. Intorno alla piscina c'era una siepe dai fiori rosa. Ne strappai uno e glielo porsi.

«Lo sai, vero, che l'oleandro è una pianta velenosa?» mi disse lei, guardandomi perplessa.

Rimasi di pietra. L'uomo che non doveva chiedere mai aveva appena fatto una delle sue gaffe più imbarazzanti.

Immagino che fossi anche arrossito, perché a un certo punto Tiziana scoppiò a ridere. «Su, sto scherzando!» disse.

Rimanemmo tutta la sera a bordo piscina. Malgrado gli attriti iniziali, le chiacchiere cominciarono a fluire naturalmente. Dopo un paio di drink, Tiziana mi raccontò che il tipo poco raccomandabile con cui aveva avuto una relazione era in realtà un uomo violento che aveva continuato a tormentarla anche dopo la fine della storia. Per questo era diventata molto circospetta e schiva. «A questa festa non volevo nemmeno venire, ma poi ho scoperto che ci saresti stato anche tu» concluse con un sorriso furbetto.

Da quella sera cominciammo a frequentarci. Capii che, dopo quello che aveva passato, Tiziana aveva bisogno di tempo per imparare a conoscermi e a fidarsi di me. Decisi perciò di prolungare di qualche settimana quella vacanza estiva. Da Milano Giulio mi scriveva: *Fabio, quando torni, qui la vita notturna è noiosa senza di te!*

Gli spedii una foto mia e di Tiziana che sorridevamo abbracciati. *Qualcuno mi trattiene…* scrissi.

Oh no! Ci risiamo!

A un certo punto, però, non potei più rimandare la partenza: c'erano impegni di lavoro troppo importanti. Promisi a Tiziana che sarei tornato presto, magari per Natale. Ma una volta rientrato a Milano, mi sentii spaesato. Tiziana mi mancava e una storia che andava avanti a intermittenza, relegata a qualche weekend e alle ferie, non mi bastava.

Cominciò un periodo ancora più frenetico. Non appena il lavoro mi concedeva una pausa, mi fiondavo a Castellaneta, anche per pochi giorni. «Non riesci proprio a stare lontano dai tuoi parenti, vero?» sogghignavano il nonno e lo zio Antonio ogni volta che mi vedevano arrivare con la valigia.

Io sorridevo, ma non dicevo nulla. Era stata Tiziana a chiedermi di tenere il riserbo sulla nostra relazione. In parte perché preferiva procedere con cautela e in parte perché, per il momento, non voleva che la sua famiglia sapesse di me. «Dopo l'ultima storia mi stanno molto addosso. Preferisco vivere in pace.»

Ci vedevamo quasi di nascosto. Ciononostante, Tiziana era piuttosto restia a raggiungermi a Milano. Quando lei aveva bisogno, io correvo. Ma se accadeva il contrario, accampava sempre qualche scusa: a volte era il lavoro, più spesso i problemi di famiglia. «Non posso muovermi di casa in questo momento» mi diceva. «Non puoi capire...» Peccato però che sui social postasse di continuo foto di feste, uscite con gli amici e viaggi.

Presto le vecchie paranoie tornarono ad attanagliarmi. Mi ero fissato su Tiziana per la sua storia, per l'apparenza di ragazza dura che nascondeva tante fragilità. Ero convinto di aver trovato un'altra persona con cui condividere fardelli. Ma a Tiziana importava davvero qualcosa di me? Se io non fossi stato Fabio Mancini, il famoso modello di Armani, si sarebbe messa con me comunque? E poi, pensavo, possibile che le ragazze con cui sono stato mettano sempre la famiglia al primo posto?

Era snervante ritrovarsi invischiati nelle stesse situazioni, un eterno ritorno in cui non facevo progressi. Cominciavo a sentire il senso di asfissia, quell'insofferenza che mi spingeva a mollare tutto.

Parlavo dei miei dubbi con Giulio, che come sempre era dalla mia parte. «Fabio, segui il tuo istinto» mi diceva. Gli avevo fatto conoscere Tiziana l'unica volta in cui lei aveva acconsentito a venire a Milano e non ne era rimasto molto entusiasta. «Potresti avere le top model più belle» aveva commentato «e invece ti innamori sempre di questi tipi un po' insignificanti...»

L'antipatia era reciproca perché né Beatrice né Tiziana avevano mai apprezzato Giulio. Ero convinto che si trattasse della gelosia che a volte si instaura tra persone che si contendono l'affetto di qualcuno. Tiziana, però, non era dello stesso avviso.

«Quello è invidioso a morte di te, altro che amico» mi disse. «Se potesse, ti porterebbe via tutto. Possibile che tu non te ne accorga?»

Mi sembrava un'assurdità. Certo, anche a me alcuni atteggiamenti da spaccone di Giulio apparivano eccessivi, ma da anni ormai si sorbiva le mie confidenze e le mie tirate filosofiche sul senso della vita senza mai lamentarsi. Quando avevo avuto bisogno di lui, c'era sempre stato.

«Ok, Fabio, se lo dici tu» rispose Tiziana, laconica, alle mie obiezioni.

Qualche tempo dopo, però, tornò all'attacco. Tiziana aveva cominciato a seguire Giulio su Instagram e lui non solo aveva ricambiato, ma aveva preso a scriverle messaggi privati. «Guarda qui» mi disse Tiziana.

All'inizio, molto velatamente, Giulio aveva insinuato qualche dubbio sulla solidità della mia storia con Tiziana. *Spero davvero che duri*, le scriveva, *perché tu sei la persona giusta per Fabio. Dita incrociate.*

Quindi, dopo che Tiziana aveva finto di dargli corda, era stato molto più esplicito. *Sai, Fabio è un mio amico e gli voglio bene, ma con le donne è uno stronzo. Le usa per puro divertimento.*

A quel punto, Tiziana mi aveva suggerito: «Vuoi rispondergli tu?».

Scrissi: *Senti, ma perché mi scrivi queste cose. In fondo, di me che ti importa?*

Neanche il tempo di inviare, e Giulio era già alle prese con la risposta: *Tiziana, non ti conosco bene, ma mi sembra che tu sia diversa dalle altre... Anzi, mi piacerebbe avere il tempo di spiegarti, magari quando Fabio non è nei paraggi.*

Tiziana alzò le spalle. «Visto?»

Mi sarei preso a schiaffi. «Non ci posso credere... Perché non mi ha detto in faccia certe cose?»

«Perché avrebbe dovuto?» disse Tiziana. «A lui non interessa della tua amicizia. Vuole solo sfruttarti...»

Aveva ragione. Probabilmente aveva avuto dei comportamenti ambigui anche con Beatrice, ecco perché lei lo detestava. E a ripensarci anche sul lavoro c'erano stati alcuni episodi poco chiari. Negli ultimi tempi, per esempio, non comparivo più nei video di backstage delle sfilate, filmati che i vari brand usavano a scopo promozionale. Guarda caso, erano tutti video girati da Giulio. Quando gli avevo chiesto spiegazioni, mi aveva risposto che aveva ricevuto precise istruzioni dai responsabili delle aziende. «Fabio, mi spiace, dicono che la tua immagine è un po' inflazionata...»

Anche al mio agente era sembrato strano che il modello protagonista venisse escluso dai video di backstage, ma non avevamo messo in dubbio la versione di Giulio. Ora, invece, mi rendevo conto che non aveva alcun senso. Feci qualche telefonata e ricevetti una risposta unanime: Giulio aveva completa libertà nella scelta dei contenuti dei video che gli venivano commissionati. Nessuno gli aveva chiesto di escludermi.

Chissà quanti altri sgambetti mi aveva fatto in quegli anni? Ma, soprattutto, perché si era comportato così? Perché, se mi odiava a tal punto, si fingeva mio amico?

«Perché gli facevi comodo, te l'ho già detto» disse Tiziana. «Viveva della tua luce riflessa. Stando con te, era anche lui in qualche modo al centro dell'attenzione. Quando uscivate insieme, eri tu a presentargli le ragazze, no? Grazie a te, poteva partecipare a feste esclusive e sentirsi una persona importante...»

E anche all'inizio della carriera – a ben riflettere – gli ero stato di grande aiuto. Perché, quando Giulio era ancora un semplice videomaker, ero stato io a caldeggiare il suo nome con alcune aziende.

Alle manovre sporche ero abituato, ma per i tradimenti degli amici non avevo ancora le spalle abbastanza grosse. Ero così arrabbiato che mi presentai a casa sua per affrontarlo. Giulio, però, non ebbe nemmeno il coraggio di aprirmi la porta. In seguito, mi bloccò ovunque sui social, rifiutandosi di darmi una spiegazione.

Proprio in quei giorni, il mio agente mi parlò della sfilata a Luxor. «È un'occasione fantastica, ti rendi conto?» Lo era, ma io ero troppo demoralizzato per affrontare un impegno così importante. Pensavo di non avere abbastanza energie.

«Senti, non puoi farti rovinare la vita da quello» mi diceva lui. «Tu sei troppo ingenuo per questo mondo di approfittatori, ma vedrai che con l'esperienza imparerai a difenderti. Proprio per questo devi andare in Egitto, perché altrimenti faresti il gioco di Giulio.»

Anche Tiziana era d'accordo. «Fabio, è il tuo lavoro. Al ritorno io sarò qui ad aspettarti. Ci sarò sempre.»

Partii, dunque, ma tormentato dai dubbi: uno dei miei più cari amici mi aveva ingannato per anni; avevo una relazione instabile, quasi clandestina, ormai da una decina di mesi; facevo un lavoro che non mi lasciava mai il tempo di concentrarmi su me stesso. L'evento a Luxor fu un successo, ma poi ci fu quella notte terribile da solo in hotel, una notte passata a fare bilanci.

Avevo trentasei anni ormai e non avevo costruito niente di solido. Non facevo che ripetere gli stessi errori. Detestavo quasi tutto del mondo della moda, eppure mi "drogavo" di lavoro per scappare dai fantasmi. Avevo un rapporto malsano con il sesso femminile, perché era vero che le donne mi usavano, ma in fondo anche io usavo loro e non facevo niente per sottrarmi a questa spirale pericolosa – su questo Giulio aveva ragione. Mi raccontavo bugie, fingendo di essere alla ricerca del vero amore, ma nelle relazioni cercavo soprattutto una risposta alla solitudine. Peccato che poi non riuscissi mai a fidarmi completamente. Alle prime complicazioni, scattava in me la paura inconscia di essere abbandonato e allora cominciava la fase dell'insofferenza. A quel punto, lasciavo che la relazione si logorasse oppure scappavo. Per quanto tempo ancora potevo andare avanti così?

Lasciai l'Egitto con la testa piena di propositi da attuare una volta rientrato a Milano. Per prima cosa, andai nella mia agenzia. Il mio contratto era in scadenza di lì a qualche mese, ma considerati i risultati era implicito che l'avremmo rinnovato. Io, però, avevo cambiato idea, e così chiesi un appuntamento al mio agente: «Ho bisogno di fermarmi per un po', di una pausa lunga per pensare» gli dissi.

Lui annuì. «Guarda che se vuoi rallentare per noi non è un problema. Dimezziamo gli impegni.»

«Grazie, ma io devo capire se ha senso continuare a fare questo lavoro. E per riuscirci devo staccare completamente.»

Un'espressione di rammarico gli si dipinse in volto, ma era troppo sensibile e rispettoso per intromettersi nelle mie decisioni personali. «Capisco» si limitò a dire. «Rifletti pure con calma.» E mi abbracciò.

Dopo aver lasciato l'agenzia, mi rimisi in viaggio, questa volta diretto in Puglia, per parlare con Tiziana. Ci incontrammo al solito bar sulla spiaggia. Anche con lei andai dritto al punto.

«Senti, sono stanco di nascondermi. Se vogliamo andare avanti, dobbiamo fare sul serio. Io ho una casa a Milano, vieni a vivere con me. Posso aiutarti a trovare un lavoro, non sarà difficile con l'esperienza che hai… E così non dovrai più preoccuparti delle pressioni della tua famiglia…»

Lei tacque, ma la sua espressione diceva tutto. Era atterrita. «Forse è troppo presto…» disse alla fine. «È un passo importante.»

«Capisco, ma siamo entrambi adulti. Io ho perso già troppo tempo, girando a vuoto. Non voglio continuare così. Voglio provare a crearmi una famiglia.»

«Facciamo così» mi disse lei. «Riparliamone tra un anno o magari tra sei mesi. Adesso non me la sento di allontanarmi dalla mia famiglia, ma col tempo le cose possono cambiare.»

«Mi dispiace…» le dissi scuotendo il capo.

«Fabio, ti prego. Con tutto quello che ho fatto per dimostrarti quello che provo!» Mi mostrò il tatuaggio che si era fatta disegnare per me.

In quel momento ebbi come un'illuminazione. Ci muovevamo su piani diversi, io e Tiziana. Io ero pronto ad aprire un nuovo capitolo della mia vita. Cercavo una famiglia, un'unione profonda, che si non basasse su promesse o gesti eclatanti, ma su un impegno autentico, mentre lei era ferma al mondo delle apparenze. Erano visioni inconciliabili.

Tornai a Castellaneta, vagai a vuoto per il borgo vecchio, per sbollire il malumore, e arrivai dal nonno e dallo zio Antonio che era già passata l'ora di cena. «Allora, come sta il nostro Faraone?» mi accolsero con il solito tono beffardo.

Avevano già messo le carte in tavola. «Te la fai una partita?» Ma ero troppo nervoso per giocare. Opposi il fatto che ero stanco e andai a dormire nella mia stanza. «È dura la vita del fotomodello!» disse il nonno ridacchiando dalla cucina.

Mi spogliai e mi sdraiai sul letto, ma non riuscii a chiudere occhio. Dopo ore passate a rigirarmi tra le lenzuola, decisi di andare a bere un po' di acqua fresca. Fu una benedizione, perché passando davanti alla camera di mio nonno mi accorsi che respirava male. Quando mi avvicinai, ebbe appena la forza di chiedermi aiuto. Chiamai lo zio Antonio, arrivò un'ambulanza e il nonno fu trasportato in ospedale con un codice di emergenza.

Seguirono giorni di apnea. Il nonno aveva seri problemi cardiaci, ma i medici ci dissero che se avesse superato la crisi ci sarebbero state buone speranze di ripresa. Io e lo zio Antonio ci davamo il cambio in ospedale. Passavo le notti accanto al letto del nonno, a controllare i parametri sul monitor. Ero terrorizzato al pensiero di perderlo. Dopo mio fratello, era l'affetto più grande che mi rimaneva. Nel silenzio del reparto di rianimazione, restavo appeso al rumore del suo respiro: se appena si affievoliva, entravo in stato di allerta. Piano piano, però, il ritmo del respiro del nonno si fece più stabile. E un giorno finalmente i medici ci dissero che il peggio era passato. Il nonno confermò le loro parole, chiedendomi di fare una partita a carte. «Comincio ad annoiarmi qui dentro» mi disse.

A quel punto sarei già dovuto tornare a Milano, ma decisi di rimandare tutti gli impegni: volevo restare vicino alla mia famiglia, almeno a quel che ne restava. Il nonno fu dimesso, ma era ancora molto debole e volevo prendermi cura di lui durante la convalescenza.

Nei giorni successivi non lo lasciai un istante. Uscivo solo per fare la spesa e andare a comprare le nostre caramelle. Ero di nuovo ripiombato in una voragine di apatia. Non volevo vedere né sentire nessuno.

Una sera, zio Antonio bussò alla porta della mia stanza. «La cena è pronta» mi disse.

Il nonno, che era ancora troppo debole per mangiare a tavola, dormiva già nel suo letto. Quando eravamo solo noi due, l'atmosfera era decisamente diversa. Nessuno parlava, si sentiva solo il rumore delle posate e delle bocche che masticavano.

«Non ti piace la pasta?» disse a un tratto mio zio, indicando il mio piatto ancora pieno.

«Non ho fame.»

«Fai la dieta da modello?» replicò versandosi un bicchiere di rosso.

«Zio, non ho voglia di scherzare.»

«E allora mangia. Tanto il modello non lo fai più. Ormai sei qui in pianta stabile...»

«Ti do fastidio? Vuoi che me ne vada?»

«A me fastidio non ne dai... Ma sai dirmi che ci fai ancora qui? Il nonno ora sta bene, non abbiamo più bisogno di te. E la ragazza che ti piace tanto, invece di pensare a te, sta sempre sui social a divertirsi...» A quanto pareva, allo zio Antonio non sfuggiva proprio nulla.

«E cosa dovrei fare?»

«Vattene, Fabio. Smettila di passare le giornate a meditare a gambe incrociate... Fatti un viaggio e cerca di capire una buona volta chi vuoi essere...»

«Guarda che se insisti me ne vado davvero» dissi.

«Chissà se ce l'hai, il coraggio...»

Dopo quella cena, passai l'ennesima notte in bianco, arrabbiato. Un viaggio... Come gli veniva in mente a zio Antonio? Non avevo fatto altro che viaggiare negli ultimi diciotto anni. Mi alzai, andai in camera del nonno per controllare che dormisse bene. Poi salii sul tetto terrazzato della nostra casa di pietra, dove di solito mi sedevo a meditare, suscitando l'ilarità dello zio Antonio. «Prima modello e poi buddhista... Ce le ha tutte, questo ragazzo!» mi sfotteva.

Ogni tanto, però, tra una battuta e l'altra, capitava anche a lui di dire una cosa seria. In questo caso, per esempio, aveva ragione: avevo esplorato ogni angolo del mondo da quando avevo iniziato la carriera da modello, ma c'era un viaggio che non avevo ancora fatto. Ed era arrivato il momento di partire.

Diario di viaggio

1° settembre 2023

Ore 07:15

Oggi si torna a McLeod Ganj. Ho ricevuto una notizia meravigliosa: dopo mesi di assenza, Sua Santità il Dalai Lama rientrerà nella sua dimora.

Preparo subito la borsa, si parte! La strada è lunga, ma l'emozione di rivedere i miei monaci mi fa volare!

Ore 08:30

Eccoli finalmente: maestro Sangpo, Darwa, Chimi, Imima Taschi e Djalma, che emozione!

Sono tutti in fermento per l'arrivo di Sua Santità. L'intero paese è in festa: bandiere tibetane, sciarpe di beatificazione bianche e arancioni, bambini vestiti con i tipici costumi tradizionali e tantissima gente che non sta più nella pelle.

Poche volte nella mia vita ho sentito questa energia, questo senso di comunione: sono uno di loro. Sto bene. Sono felice. Ormai in paese mi conoscono tutti. Sono diventato l'amico forestiero dei monaci.

Spiegarne il motivo è quasi impossibile, ma McLeod Ganj è un posto magico, una meta che tutti dovrebbero visitare almeno una volta nella vita.

Dopo ore di attesa nelle strade, ecco che finalmente compare il corteo che accompagna il Dalai Lama. Ed eccolo Sua Santità, saluta il suo popolo felice. La gente piange, lancia fiori. Mi commuovo anche io e subito riemerge il desiderio di incontrare il Dalai Lama, di parlargli da solo.

Allora, alla fine della celebrazione, prendo in disparte maestro Sangpo. «Maestro» gli dico, «lo so che sembrerò un folle, ma vorrei chiedere un colloquio privato con il Dalai Lama. Io e lui da soli, senza nessun altro.»

Il maestro mi guarda e mi sorride con tenerezza: «È quasi impossibile. Bisogna chiedere un permesso… la burocrazia ha tempi lunghi… Ma se c'è una cosa che ho imparato, Fabio, è che con te c'è sempre una possibilità!».

Annuisco e lo guardo fisso negli occhi: «Maestro, il Dalai Lama acconsentirà, me lo sento!».

«Ti confesso una cosa, Fabio» mi dice allora maestro Sangpo. «Quando mi hai raccontato la tua storia e mi hai detto che avresti voluto provare a vivere con i monaci, non pensavo che ce l'avresti fatta. E invece eccoti qua. La tua determinazione è sorprendente. Hai affrontato il percorso senza paura. Ti meriti un premio!»

«Sì, maestro, sono disposto a tutto pur di crescere e migliorarmi. Sono caduto e ho pianto. Ho buttato fuori tutto il male e il dolore per riuscire a purificarmi.»

Sangpo mi mette una mano su una spalla: «D'accordo, proveremo a fissare un incontro con Sua Santità domani mattina. Non so se ci riusciremo, ma faremo del nostro meglio».

«Così mi piaci, Sangpo!» ribatto. «Fidati di me, Sua Santità non vorrà perdere l'occasione di conoscere un top model!»

Scoppiamo a ridere. Sento un'energia fortissima che mi scorre nel corpo.

Si dice sempre che il destino ce lo creiamo noi. E oggi ne sono convinto più che mai. Qualunque sia il tuo obiettivo, se ci credi, l'universo ti aiuta, ma non devi mai perdere la grinta e la speranza.

2 settembre 2023

Ore 05:30

La sveglia suona, interrompendo un silenzio assoluto. Il villaggio dorme ancora, ma io sono sveglio da un po', a fantasticare sul mio incontro con Sua Santità, il Dalai Lama.

Qualche minuto e ricevo un messaggio di Sangpo, che mi conferma l'ora del nostro appuntamento. I miei maestri mi hanno spiegato che il Dalai Lama si alza ogni mattina alle tre e mezzo per affrontare la prima sessione di meditazione. Segue questa routine tutti i giorni da più di ottant'anni. Ha dedicato la sua vita alla ricerca e allo studio. Trovo che sia incredibile.

Ore 06:00

Eccoli i monaci che bussano alla mia porta. Sono più emozionati di me. «Ti rendi conto di cosa sta succedendo? Ti rendi conto della tua grande fortuna?»

Non so come ci siano riusciti, so solo che in questo momento mi guardano, felici e orgogliosi, come i genitori di un figlio che ha compiuto un percorso tortuoso, ma è arrivato al traguardo.

Prima di uscire, mi regalano una sciarpa bianca tibetana: dovrò portarla e offrirla in segno di rispetto a Sua Santità.

Ore 07:00

Eccoci davanti al monastero del Dalai Lama. Prima di lasciarmi andare, i monaci mi abbracciano con affetto. Sento un'intensità speciale nel loro abbraccio, forse è uno dei momenti più belli di tutto il mio viaggio.

Sorrido e mi avvio.

Due uomini mi perquisiscono. Durante l'incontro saremo solo io, il Dalai Lama e i suoi assistenti. I due uomini mi scortano verso un casolare situato su un piccolo promontorio proprio sopra il monastero.

Sento un richiamo, una sensazione non nuova, una voce che mi chiama da tempo. È forse la stessa voce che mi ha spinto a partire per l'India?

Sto bene come non sono mai stato e sono felice, senza nessuna paura, ansia o timore.

Eccolo, il Dalai Lama! È seduto a due metri da me. Avverto un senso di pace, vedo la sua aura.

Mi inginocchio in segno di rispetto, ma con un cenno il Dalai Lama mi fa rialzare.

«Come ti chiami?» mi chiede.

«Fabio.»

«Perché sei qui, Fabio?»

«Perché non ero più felice, Sua Santità.»

Mi fa avvicinare, mi mette una mano sulla guancia e una sulla testa. «Tu sei un guerriero della pace!» mi dice, intento a scrutarmi senza un cenno di sorriso.

Non capisco, sono disorientato.

«Tu, Fabio, sei fortunato. Hai un lavoro importante e devi usare il tuo successo per aiutare gli altri, con compassione e determinazione. Perché tu sei un guerriero della pace!» ripete.

Che cosa significa? È forse questo il richiamo che ho sempre sentito dentro di me, il messaggio che tentavo di decifrare?

Gli chiedo: «Maestro, come posso fare ad aiutare gli altri? Voglio essere un guerriero della pace, ma ho bisogno di aiuto. Ero circondato da falsità e cattiveria, per questo sono qui. Ho perso l'amore, gli amici, il legame con mia madre e mio padre. Il mio cuore è deserto».

Sua Santità mi guarda e mi invita a sedermi. «Non devi avere paura di niente» mi dice guardandomi fisso negli occhi.

Mi tocca la nuca, quattro tocchi leggeri, e ripete: «Tu sei un guerriero della pace. Troverai dentro te stesso le risposte per arrivare alla serenità. Nel frattempo, avrai una missione: usare il tuo successo per aiutare le nuove generazioni. Sta' vicino a chi ne ha bisogno con determinazione e senza paura».

A questo punto, Sua Santità chiude gli occhi e incomincia a recitare una preghiera in lingua tibetana. La sua mano si posa sulla mia testa. Mi invita a stringere il *mala* di maestra Maria Luisa tra le dita, mi tocca le mani e finalmente sorride. Sono senza parole, perché non esistono parole per descrivere il senso di beatitudine che mi pervade.

Alla fine, c'è anche tempo per una foto insieme, un ricordo che rimarrà per sempre con me, insieme a un compito, la missione di cui mi ha investito Sua Santità.

Devo tornare a casa, affrontare i miei fantasmi, risolvere i conflitti e trovare la felicità, così da poter aiutare chi ne ha bisogno a trovarla a sua volta. Credo che la risposta sia finalmente arrivata. È il momento di mettere da parte l'orgoglio e la rabbia per lasciare spazio alla luce.

La verità è che aspettavo con ansia l'incontro di oggi, ma non pensavo che sarebbe stato così risolutivo.

Mi allontano con le parole di Sua Santità nella testa: "guerriero della pace". Non sarà facile portare il peso di questa responsabilità. Ma prometto a me stesso che farò di tutto per onorare il mio impegno. In fondo, le promesse le ho sempre mantenute, fin da quando ero solo un bambino.

Torno dai miei maestri, non vedo l'ora di condividere con loro ciò che ho vissuto, ogni minimo dettaglio. Non sarà facile prendere sonno stasera.

3 settembre 2023

Penso che in questi giorni mi concederò una pausa. Niente diario per qualche giorno. Ieri i miei maestri mi hanno raccomandato di dedicare tutto il mio tempo e le mie energie alla comprensione del messaggio di Sua Santità. Mediterò, cercherò nuove risposte dentro di me, mi sforzerò di guardare alla vita da una nuova prospettiva.

13 settembre 2023

Ore 09:00

Rieccomi. Il mio viaggio in India è giunto al termine. Come promesso, ho meditato molto in questi giorni.

Mi sono chiesto perché abbia aspettato tanto tempo per fare questo passo importante, per cominciare la mia ricerca. Ora so che avevo paura, paura di aprire cassetti pieni di emozioni, dolori e sofferenze. Ho tenuto chiusi quei cassetti nella soffitta della mia mente e da solo non avrei mai avuto il coraggio di riaprirli.

Non so se esista la ricetta per la felicità, ma so di certo che l'orgoglio non può far parte della lista degli ingredienti, né possono farne parte la rabbia e il rancore. È tempo per me di riaprire porte e costruire ponti. Di fronte a un ostacolo, non dovrò fuggire, ma trovare strade alternative.

«Ricorda» mi dice maestro Sangpo in uno dei nostri ultimi colloqui, «non puoi pretendere che tutti capiscano ciò che provi, che reagiscano sempre secondo le tue aspettative. Come ti comporterai la prossima volta che ti sentirai deluso dal comportamento di una persona cara?»

È una domanda cui qualche settimana fa avrei risposto in modo molto diverso. Ma oggi non ho dubbi: «Con compassione e rispetto».

Penso soprattutto ai miei genitori. La nostra mente è spesso condizionata da esperienze negative che ci inducono a sbagliare. Credo che anche loro, come è accaduto a me tante volte, siano stati condizionati dal passato. Ora voglio lasciare ai miei genitori la possibilità di spiegare. Sono abbastanza forte per accettare verità dolorose, che finora ho sempre finto di non vedere. Sono pronto ad ascoltare, a consolare e ad abbracciare.

Lasciare i miei monaci, questa terra, questa gente, questo pezzo della mia vita, sarà straziante, ma me ne vado con un profondo senso di gratitudine e con una nuova consapevolezza. Mi sento forte ora, della forza che puoi trovare solo guardando dentro te stesso e affrontando i tuoi demoni. E so che nessuna cosa materiale potrà mai colmare un vuoto lasciato dall'amore.

Imboccherò la strada dell'amore seguendo la luce.

Ritorno

Non usare il buddhismo per essere un buddhista migliore, usa il buddhismo per scoprire la miglior versione di te stesso.

Riuscii a contattare Patricia prima di lasciare l'India grazie a Marco, che mi diede il suo numero, stupefatto e contento di questa decisione. Le scrissi che avevo bisogno di incontrare mio padre. Lei rispose subito: *Ti aspettavamo, Fabio.*

Volevo che fosse una sorpresa – *Prendo il primo volo, prometti di non dirgli niente?* Patricia acconsentì. Così, da New Delhi atterrai a Bruxelles per poi giungere a Liegi in una sera di fine estate. Arrivai davanti a una casa dalle finestre ampie quando in cielo c'erano già le stelle. Intravidi la sagoma di un uomo seduto su un divano, intento a guardare la tv. La mia testa era ancora rasata e avevo indosso la tunica che mi avevano regalato i monaci. Chissà se mi avrebbe riconosciuto. Suonai alla porta. Ad aprire venne proprio mio padre. Non era cambiato in tutti quegli anni: pur avendo i capelli appena ingrigiti, emanava la stessa sensazione di forza. Per un attimo ebbi paura che si sentisse male. Mi fissò in silenzio per qualche istante, con gli occhi che diventavano sempre più lucidi. Mi abbracciò, vacillante. «Ti aspettavo, Fabio… Non sai da quanto» singhiozzava.

Sentii dentro una forte emozione, mai provata prima, una sorta di liberazione.

Patricia aveva preparato una cena leggera. Mangiammo tutti e tre insieme nella cucina del loro appartamento. Li intrattenni con racconti di monaci tibetani e scimmie dispettose. Il clima era rilassato come avevo desiderato. Dopo il caffè, Patricia ci lasciò soli.

«Allora» mi disse papà, «immagino sarai qui per parlare...»

«Sono qui per chiederti un regalo...» risposi facendo il misterioso.

«Qualunque cosa, Fabio...»

«Voglio che mi porti dove sono nato.»

Papà prese un paio di giorni di ferie e partimmo l'indomani stesso: io e lui da soli, direzione Bad Homburg, Germania, il viaggio on the road che sognavo da adolescente, un viaggio nella memoria. Mi portò nei luoghi più importanti: la casa in cui vivevamo, l'ospedale in cui era ricoverato Marco, l'asilo che avevo frequentato per qualche mese, il parchetto dove mi accompagnava la nonna. Incredibilmente ricordavo tutto, compresi l'angoscia per la salute di Marco, che fagocitava ogni momento di spensieratezza, e il mio senso di responsabilità precoce, che mi suggeriva di fare il bravo per risparmiare preoccupazioni ai miei genitori, già duramente provati.

Cominciammo a ripercorrere il passato insieme, una cascata di ricordi che ci travolse. Gli rinfacciai le punizioni, la severità intransigente, le assenze nei momenti importanti, l'incapacità di sostenermi quando ne avevo bisogno. Le mie parole erano precise e dirette, ma fluivano senza traccia di livore. Volevo raccontargli la storia vissuta dal mio punto di vista, ma ero anche ansioso di conoscere il suo.

«Partiamo dall'inizio» disse allora papà.

Mi raccontò di quando aveva incontrato la mamma. «Ero goffo e impacciato all'epoca. Non avevo interesse per le relazioni e dalle donne mi tenevo lontano. Tanto è vero che il primo passo lo fece tua madre. Lei veniva da Milano, era libera, emancipata. Fu la mia prima ragazza, mi ha insegnato lei come si esprime l'affetto.»

Papà passò a parlare di sua madre, una donna austera, chiusa, che non esprimeva mai emozioni, almeno non davanti ai figli. Erano rari i baci, le carezze. «Sono cresciuto senza gesti di affetto, ma ciononostante ho sempre provato grande rispetto per i miei genitori. Si sono occupati di sette figli, senza mai risparmiarsi né lamentarsi. Quando ho creato una famiglia con tua madre, ho cercato di seguire il loro esempio.»

E dunque papà aveva sempre messo al primo posto il lavoro. «Pensavo fosse quello il mio compito, garantirvi la tranquillità. Ma io non ero mai tranquillo, perché con tutti i problemi che abbiamo dovuto affrontare, dalla malattia di Marco al trasferimento in Italia, i risparmi messi da parte non mi sembravano mai abbastanza.»

Mi raccontò dei primi mesi trascorsi a Valle Lomellina, quando abitavamo in un gelido bilocale in costruzione, che non aveva nemmeno gli infissi. Era l'unica sistemazione che potevamo permetterci. «Detestavo che i miei figli e mia moglie dovessero vivere in un ambiente così triste. Allora cominciai ad ammazzarmi di lavoro per riuscire a mettere su un'impresa mia.»

E c'era riuscito, ad avere una ditta tutta sua, ma l'impegno e le responsabilità non erano certo diminuiti. «Lo so che non c'ero mai alle tue partite di calcio, ma dovevo lavorare. Oppure c'erano giorni in cui la schiena mi faceva così male che potevo solo stare sdraiato.»

Accolsi le sue parole senza giudizio, con compassione, proprio come Sangpo mi aveva insegnato.

Una sera, alla fine del nostro tour di Bad Homburg, mentre sorseggiavamo la solita birra e la solita coca in un pub, ammise: «So anche che con te sono stato molto severo, che non ti gratificavo mai con un complimento, ma lo facevo per temprarti. Mi sei sempre sembrato maturo. Sapevo che potevi reggere e volevo prepararti ad affrontare la vita. Ogni volta che ti rimproveravo per una marachella, mi immedesimavo in mio padre. Rivedevo le scene della mia infanzia, quando ero io a combinare i guai. Ero convinto che se mio padre non fosse stato così duro, non avrei mai imparato a cavarmela. Volevo ottenere lo stesso risultato con te».

L'argomento più doloroso – l'abbandono – lo affrontammo solo durante il viaggio di ritorno, in macchina. «Io non lo definirei un abbandono» mi corresse subito papà. «L'ho vissuto in un modo diverso. Mi dicevo che io alla tua età ero già indipendente, e che insieme tu e Marco avreste potuto farcela senza problemi. Non avevi più bisogno di me.»

«Non è vero» replicai. «Nei mesi successivi alla separazione, ci siamo appoggiati l'uno all'altro. Ci eravamo avvicinati, finalmente avevo trovato il padre che mi era sempre mancato… Eri importante per me, e lo sapevi.»

«Forse hai ragione, forse sono stato egoista. Ma quando tua madre mi ha lasciato, mi è mancata la terra sotto i piedi. Non mi sarei mai aspettato una decisione simile. Avevamo avuto qualche problema, sì, e io non ero certo un marito perfetto, ma le ho sempre voluto bene, giuro, e non avrei mai immaginato che potesse abbandonarmi così.»

Mio padre era grande e grosso, ma capii che per certi aspetti era ancora quel ragazzino insicuro che faticava a esprimere i sentimenti.

«L'incontro con Patricia» proseguì «è stata una benedizione. Ho trovato di nuovo una compagna di vita. Quei mesi di solitudine dopo la separazione sono stati terribili.»

Ripensai a una cosa che mi aveva detto maestro Sangpo al termine di una delle nostre sessioni di meditazione. Eravamo seduti sotto un grande albero della foresta, non lontano dalla residenza del Dalai Lama. «I tuoi genitori avevano all'incirca la tua età quando si sono separati. Sei proprio sicuro che nella stessa situazione non ti saresti comportato allo stesso modo? Rifletti, Fabio, anche tu stai attraversando un momento buio che ti ha spinto a lasciare tutto e partire. E se, invece, avessi avuto una famiglia? Come avresti affrontato la crisi?»

Ci eravamo confrontati su tutto, su tutto quello che per me era importante affrontare. Giunti a Liegi, papà parcheggiò l'auto. Appena scesi, andai ad abbracciarlo. «Grazie, papà.»

Maestro Sangpo aveva ragione. Non esiste un solo punto di vista. Ognuno ha una versione diversa della storia. Dobbiamo accettarlo, anche se non sempre riusciamo a capire. Ciò che a me appare contraddittorio ad altri può apparire lineare. Ma, ora che mi ero liberato della lente deformante del giudizio, nelle parole di mio padre non trovavo incongruenze o menzogne, solo particolari che mi permettevano di intravedere una realtà dalla trama più complessa, una realtà che non conteneva solo fatti, ma anche emozioni ed esperienze vissute.

«Ricorda che questa è casa tua» mi disse papà prima di salutarmi. «Non dimenticarti di nuovo di me.»

«Non ti ho mai dimenticato» risposi, decidendo di salutarlo con un'ultima confessione. «In tutti questi anni, ogni volta che ho camminato su una passerella, ogni volta che ho posato per una foto, l'ho fatto pensando a te, sperando di essere all'altezza del mio bellissimo papà.»

Piangemmo insieme. E per la prima volta avvertii un legame tra noi che aveva radici antichissime e che, nonostante gli anni della separazione, era ancora saldissimo.

La tappa successiva fu Parma, dove viveva mia madre. Di nuovo chiesi a Marco di aiutarmi, procurandomi il suo indirizzo e il numero di telefono, e lui, ancora una volta, fu felice di collaborare. Non riusciva a credere al mio cambiamento. «È solo l'inizio» gli dissi. «E presto torno ad abbracciare anche te.»

La mamma venne a prendermi all'aeroporto. Quando mi vide si comportò esattamente come papà: prima fu sul punto di svenire per l'emozione, poi mi abbracciò e disse: «Finalmente, Fabio, non ci speravo più».

Giunti nella sua casa, mi accolse in cucina. Era sempre lei: i suoi bellissimi capelli neri, le gambe accavallate con eleganza e una sigaretta tra le dita. L'incontro con papà aveva cancellato anche le ultime scorie di risentimento legato al passato. Provavo solo amore.

«Com'è che alla fine sei tornato?» mi chiese.

Raccontai anche a lei del colloquio con Sangpo, quello in cui il maestro mi aveva invitato a mettermi nei panni dei miei genitori. «Mentre il maestro mi parlava» dissi, «di fronte a noi, sul ramo di un albero, c'era una scimmia che stringeva il suo piccolo e mi fissava con insistenza. Sembrava volermi dire che certi legami non possono spezzarsi. E aveva ragione, per quanto mi sia sforzato di dimenticare non ci sono mai riuscito.»

Le parlai delle immagini sbiadite del passato su cui mi arrovellavo da tempo, dei suoi periodi cupi, degli improvvisi dimagrimenti, della sofferenza nascosta, e poi menzionai il nonno, suo padre.

La mamma si alzò senza dire una parola. La sentii aprire un cassetto e frugare tra le carte. Riapparve poco dopo con una fotografia tra le mani. «Adesso sei un uomo e puoi capire» disse. «Lo vedi, ecco la persona che mi ha rovinato la vita.» Era il ritratto di un uomo dai capelli radi, pettinati all'indietro, gli occhi scurissimi, le labbra sottili, la carnagione bruna. Era mio nonno.

La mamma mi raccontò della sua infanzia, piena di violenza e terrore. «Ecco perché ogni tanto stavo male, Fabio. Mi portavo dentro un peso enorme. Ti ricordi quando il nonno è venuto a stare da noi dopo l'ictus?» Annuii. «In quel periodo ho toccato il fondo. Non avrei mai voluto accoglierlo, ma io e tuo padre non avevamo alternative. Non potevamo permetterci un'altra soluzione...» Fece un respiro profondo. «Sono stati mesi difficilissimi, che mi hanno segnato per sempre. Per tanti anni avevo cercato di ignorare quel peso, ma ora non avevo più la forza di continuare a fingere. Non provavo rancore verso tuo padre, ma mi resi conto che non era in grado di condividere quel dolore con me. Così ho aspettato, mese dopo mese, che tu e tuo fratello cresceste e diventaste abbastanza grandi per accettare una separazione.

«Anche lontano da casa, però, la mia mente tornava insistentemente ai mesi in cui avevo accudito mio padre, quell'ometto inerme che ormai non era più nemmeno in grado di parlare, un uomo che in un tempo lontanissimo era stato a sua volta un bambino ferito. Non te l'ho mai raccontato, ma il nonno fu abbandonato dal padre quando era ancora in fasce. È cresciuto solo con sua madre tra mille difficoltà.»

Fece una pausa per accendersi un'altra sigaretta. «Vedi, Fabio, mi sono detta: come fai a odiare un uomo che ha attraversato l'inferno, proprio come te? L'odio è una catena che può allungarsi all'infinito, generazione dopo generazione. Io mi ero abbandonata a quel moto inesorabile, ma all'improvviso ho capito che l'unico modo per salvarmi era venirne fuori, rialzare la testa. Non l'ho mai raccontato a nessuno, ma qualche anno dopo la separazione sono tornata a trovare mio padre nella struttura in cui era ricoverato. Per qualche tempo, l'ho accolto di nuovo in casa mia, un po' alla volta sono riuscita a perdonarlo, e alla fine l'ho accompagnato alla morte. Oggi sto bene, finalmente, anche se per essere davvero felice mi manca ancora qualcosa.»

Mentre la mamma parlava, mi sembrava di assistere a una delle lezioni di maestro Sangpo. La sua esperienza era la dimostrazione pratica del potere della compassione. Grazie alla compassione, mia madre era arrivata al perdono e aveva trovato la pace.

«E tu, Fabio, riuscirai mai a perdonarmi?»

Pensavo alla madre amorevole che non mi faceva mai mancare un bacio della buonanotte quando andavo a dormire, che mi consolava quando la partita di calcio andava male, che mi incoraggiava quando prendevo un brutto voto. Non potevo nemmeno immaginare il dolore che si portava dentro, eppure non aveva mai lasciato trapelare nulla. Poi era come implosa. Come avrebbe detto maestro Sangpo, chissà come avrei reagito io al suo posto. Sarei riuscito a crescere due figli con quel fardello? Ne dubitavo.

«Mamma, sono io che ti chiedo perdono...» dissi.

L'ultimo passo era compiuto. Ora che avevo constatato quanto fosse stato facile liberarsene, mi sentii quasi stupido ad aver portato dentro di me per tanto tempo un simile macigno. Finalmente sentii dentro di me quella pace che avevo tanto agognato.

Dopo aver detto «arrivederci» alla mamma, passai una giornata con Marco e la sua famiglia. Adesso ero zio di due adorabili bambine. «Sono contento di averti qui» mi disse Marco, mentre giocavo con le mie nipotine. «E sono felice che tu abbia finalmente trovato la forza di fare questo passo.» E io ero grato a mio fratello: in tutti quegli anni non aveva mai fatto pressioni perché mi riconciliassi con mamma e papà. Aveva lasciato che trovassi da solo la strada.

E ora? mi dissi al termine di quel tour di ricongiungimenti. Avevo di nuovo una famiglia e delle radici. I miei genitori mi avevano entrambi assicurato che per me ci sarebbe sempre stato un posto a casa loro. Poi c'era il mio appartamento a Milano, vicino a Marco e vicino alle agenzie di moda che continuavano a cercarmi. Ma il cuore in quel momento mi spingeva in un'altra direzione. I problemi di salute del nonno non si sarebbero risolti nell'immediato, e dopo il viaggio in India mi ero ripromesso che non avrei più messo gli affetti al secondo posto.

Senza altre tappe intermedie, presi un treno per la Puglia e arrivai a Castellaneta a notte fonda. Un taxi mi depositò davanti a casa. Il nonno e lo zio Antonio dormivano profondamente. Sapevo già che non sarei riuscito a prendere sonno dopo tutte le emozioni che avevo vissuto negli ultimi giorni, perciò salii sul tetto, per meditare un po' nel silenzio. Il vento che spirava dalla gravina era ancora caldo. Dall'ultima volta che mi ero seduto su quella pietra, era cambiato tutto: non appena mi ero allontanato dai riflettori delle passerelle avevo trovato la luce. Non sarei tornato indietro, né avrei cercato rifugio in qualche relazione. Ero grato a tutte le persone che mi avevano fatto del male, perché ora, grazie a loro, sapevo che cosa non volevo. Sarei bastato a me stesso e avrei inseguito un'idea di amore più nobile e incondizionato. Dunque, finalmente, ero nel posto giusto. Chiusi gli occhi per portare l'attenzione al mio interno. E allora su quel tetto accadde una cosa straordinaria: il senso di solitudine che mi inseguiva da tutta la vita improvvisamente si dileguò.

Ringraziamenti

Dedico questo libro a chi, come me, per anni si è interrogato sull'origine della sofferenza che custodiva dentro, in silenzio, nascondendo agli altri il vero buio, mettendolo da parte e riuscendo così a regalare attimi di felicità a tutte le persone che hanno avuto bisogno di un gesto positivo o di incoraggiamento.

Lo dedico a ogni persona che ha saputo cogliere frammenti della mia essenza e purezza, nutrendomi ogni giorno con la propria esperienza, mentre io ero intento a crescere fra tante insicurezze, a dispetto delle certezze materiali su cui potevo contare.

Lo dedico a ogni donna che mi ha voluto bene, che mi abbia amato per una notte o sette anni, ma soprattutto a chi, nonostante gli avessi affidato la mia parte più intima e tenera, mi ha chiamato fallito, sperando che il mio astro non brillasse a lungo.

Lo dedico a ogni amico che ho aiutato dando tutto me stesso e che mi ha voltato le spalle nel momento in cui forse avevo più bisogno, perché non gli ero più di alcuna utilità.

Lo dedico a te, Massimo C., che ora non ci sei più, ma mi guardi da lassù e mi hai sempre tenuto per mano in ogni sfilata da quando mi hai scoperto per la prima volta tra le vie della mia Milano.

A mia madre e mio padre, che mi hanno insegnato educazione, valori, rispetto e mi hanno fatto capire il significato di ogni piccola cosa guadagnata con sacrificio e umiltà.

A mio fratello, a cui voglio bene più di me stesso nonostante le differenze caratteriali, che ha combattuto con la vita fin da bambino e che con determinazione e coraggio ha sempre vinto.

Un ringraziamento e una dedica speciale a Lei, Sig. Giorgio Armani, che ha saputo cogliere il mio potenziale grazie alla sua sensibilità, unica in questo mondo superficiale della moda, dandomi la chance di potermi costruire una carriera meravigliosa costellata da grandi successi; a Lei che ha creduto in me anno dopo anno, regalandomi la possibilità di viaggiare in tutto il mondo e di scoprire con il mio lavoro il valore della fortuna, che mi accompagna da quasi vent'anni.

La mia dedica più speciale va però a te, Nonno. Quest'anno ho scelto di starti vicino, mantenendomi invece lontano dagli schermi e dai riflettori, anche a costo di vedermi voltare le spalle perché non ero più sulla cresta dell'onda. Ne è valsa la pena, perché solo grazie a te, Nonno, ho capito quanto è importante la famiglia, e quanto ogni soldo guadagnato perde totalmente di valore di fronte alla sofferenza di un familiare.

Caro Fabio Mancini ti presento il nuovo Fabio,
sono sicuro che vi piacerete.

Indice

Finito di stampare nel mese di agosto 2024
presso Grafica Veneta – Trebaseleghe (PD)
Printed in Italy